PLANEJAMENTO
Como Prática Educativa

DANILO GANDIN

PLANEJAMENTO
Como Prática Educativa

Edições Loyola

Dados Internacionais de Catalogação na Publicação (CIP)
(Câmara Brasileira do Livro, SP, Brasil)

Gandin, Danilo
  Planejamento : como prática educativa / Danilo Gandin. -- São Paulo : Edições Loyola, 2014.

  ISBN 978-85-15-00422-5

  1. Ensino por projetos 2. Pedagogia 3. Planejamento educacional 4. Prática de ensino 5. Sala de aula - Direção I. Título.

  13-01259   CDD-371.207

Índices para catálogo sistemático:
1. Planejamento educacional : Administração escolar : Educação   371.207

Capa: Viviane B. Jeronimo
Diagramação: Telma dos Santos Custódio

Edições Loyola Jesuítas
Rua 1822, 341 – Ipiranga
04216-000 São Paulo, SP
T 55 11 3385 8500/8501 • 2063 4275
editorial@loyola.com.br
vendas@loyola.com.br
www.loyola.com.br

Todos os direitos reservados. Nenhuma parte desta obra pode ser reproduzida ou transmitida por qualquer forma e/ou quaisquer meios (eletrônico ou mecânico, incluindo fotocópia e gravação) ou arquivada em qualquer sistema ou banco de dados sem permissão escrita da Editora.

ISBN 978-85-15-00422-5

21ª edição: 2014

© EDIÇÕES LOYOLA, São Paulo, Brasil, 1983

Que o perdão seja sagrado
Que a fé seja infinita
Que o homem seja livre
Que a justiça sobreviva

Quarta estrofe de "A Bandeira",
de Ivan Lins e Vitor Martins

AGRADECIMENTOS

Agradeço à minha esposa, Professora Maria de Lourdes Martini Gandin, e a meus filhos, Luís Armando, Adriana Beatriz e Paulo Eduardo, que suportaram minhas ausências, quando saía para realizar cursos, seminários, encontros e para prestar assessoria a entidades, pois estas tarefas foram a principal fonte de minha aprendizagem em planejamento.

Pelo mesmo motivo, agradeço aos que foram meus alunos ou que me pediram assessoria.

SUMÁRIO

APRESENTAÇÃO 9

PRIMEIRA PARTE

POR QUE NÃO GOSTAMOS DE PLANOS? 13
PARA QUE PLANEJAR? 17
DEFINIR AJUDA A COMPREENDER 19
DESCREVER É MELHOR 21
    O que queremos alcançar? 21
    A que distância estamos daquilo que queremos alcançar? ... 22
    O que faremos (num prazo predeterminado) para diminuir essa distância? 23
MODELO DE PLANO 25
O MARCO REFERENCIAL 27
    Marco situacional 27
    Marco doutrinal 28
    Marco operativo 29
O DIAGNÓSTICO 31
    A pesquisa 33
    O juízo 37
PROGRAMAÇÃO 39
    Objetivos 39
    Políticas e estratégias 45
    Instruções para a execução 47
PASSAGEM DO PLANO GLOBAL DE MÉDIO PRAZO AOS OUTROS PLANOS 49
    Planos de setores 49
    Planos de curto prazo 50
PROJETOS E ROTINAS 55
    As rotinas 56
    Os projetos 56

SEGUNDA PARTE

PLANOS E PROCESSO DE PLANEJAMENTO 61
PRINCIPAIS CUIDADOS NA ELABORAÇÃO DE PLANOS 63
A BUSCA DO MOMENTO OPORTUNO 65
MODELO DE PLANO E DE RELACIONAMENTO ENTRE PLANOS 67
EXPERIÊNCIA DE APLICAÇÃO I 69
EXPERIÊNCIA DE APLICAÇÃO II 75
EXEMPLO DE PLANO 81
   I. MARCO REFERENCIAL 81
      1. Marco situacional 81
      2. Marco doutrinal 82
      3. Marco operativo 83
   II. DIAGNÓSTICO 84
      Introdução 84
      Em relação ao marco doutrinal 84
      Em relação ao marco operativo 85
   III. PROGRAMAÇÃO 85
      1. Objetivos 85
      2. Políticas e estratégias 86
      3. Orientação para a execução 86
A DIRETIVIDADE DA COORDENAÇÃO 87
DISTINÇÃO IMPORTANTE: MARCO REFERENCIAL E PROGRAMAÇÃO 89

TERCEIRA PARTE

A TEORIA E A PRÁTICA 93
A DINÂMICA DA AÇÃO-REFLEXÃO 97
PLANO COMO HIPÓTESE DE TRABALHO 99
DOIS CONCEITOS DE EDUCAÇÃO 101
FUNÇÕES DA EDUCAÇÃO 103
PLANEJAMENTO E EDUCAÇÃO LIBERTADORA 105
PARTICIPAÇÃO 107
TECNOCRACIA E PLANEJAMENTO 109
CONCLUSÃO 111

APRESENTAÇÃO

O conhecimento não seja um rio, reto e perigoso, mas intricada rede de córregos empapando a terra que povoam.

Este livro pretende situar-se num contexto bem definido: para o pessoal que trabalha em educação no Brasil, nesta época, fins do século XX. Os que trabalham, em geral, com tarefas ligadas ao social poderão, também, tirar proveito dele. Servir para outras circunstâncias não constitui seu objetivo, embora isso também possa ocorrer.

Não é um livro acadêmico, que busque encher páginas com lindas conjunções de ideias, aquelas constelações que nos encantam, mas que não servem para muita coisa. Pretende ser um texto que impulsione à ação.

Por outro lado, é um texto teórico e doutrinário. Pretende esclarecer a ação, compreendê-la, ajudar a explicá-la, torná-la mais eficiente e mais eficaz: isto é ser teórico. Pretende fazer isto a fim de motivar para um tipo de ação condizente com a teoria: isto é ser doutrinário.

A inspiração básica de ser o planejamento um processo de crescimento humano e não apenas técnica de melhorar as ações, firmei-a em contato com Miguel Cabello, pertencente a um grupo denominado Equipe Latino-Americana de Planejamento (ELAP), com sede no Chile. Há, porém, neste livro, um modo próprio, brasileiro, de encarar o planejamento e uma perspectiva teórica alargada.

Quero ressaltar que uma visão global do texto é necessária para a correta compreensão de cada parte: os capítulos se entrelaçam e, às vezes, se superpõem, esclarecendo-se uns aos outros.

NOTA PARA A VIGÉSIMA EDIÇÃO:

Este livro completa, neste ano de 2013, seus trinta anos de publicações ininterruptas, sendo esta vigésima edição um comprovante da grande utilização pelas entidades, em especial no campo da educação.

Caberiam, talvez, mudanças mais profundas, sobretudo porque o planejamento muito se desenvolveu nesse período. Combinamos, contudo, o editor e eu, introduzir o mínimo possível de alterações, corrigindo apenas algumas imperfeições menores.

No todo, ele ainda responde ao momento atual do planejamento para entidades do campo social, daquelas que têm, como primeira missão, contribuir para a (re)construção da sociedade e não apenas manter-se no mercado, incluindo-se aí o planejamento dos órgãos governamentais que não se limitam, por sua natureza, às tarefas operacionais. Serviu, muitas vezes, também para entidades com fins lucrativos.

Com isso ganhou identidade própria. É simples, claro e suficientemente preciso para servir a muitos processos de planejamento. Para quem começa com as lides de coordenar a elaboração de planos, ele apresenta a funcionalidade necessária. Conservá-lo como está, com pequenas correções, significa mais uma aposta no processo de aprender-fazendo.

Primeira Parte

> Que Deus nos dê forças para mudar as coisas que podem ser mudadas; serenidade para aceitar as coisas que não podem mudar; e sabedoria para perceber a diferença. Mas Deus nos dê, sobretudo, coragem para não desistir daquilo que pensamos estar certo...
>
> *Chester W. Nimitz*

POR QUE NÃO GOSTAMOS DE PLANOS?

A experiência não vem de se ter vivido muito, mas de se ter refletido intensamente sobre o que se fez e sobre as coisas que aconteceram.

Existe um relacionamento quase cômico entre a atividade de planejar e a de arquivar: as pessoas que se envolvem em planejamento ortodoxo no Brasil necessitam, rapidamente, de algumas lições de arquivística. Isso porque a maioria dos planos alcança, numa boa hipótese, um lugar respeitável no arquivo da instituição a que se ligam ou no de outras, cujos membros se interessam pelo estudo desses pretensiosos filhos da burocracia.

Num ano qualquer da década de 60, participando da elaboração de um audacioso plano, coube-nos, a mim e a um colega de trabalho, rever tipograficamente o texto definitivo. A penosa tarefa (eram mais de 200 páginas) interrompia-se por seguidas pausas, necessárias à nossa sanidade mental. Numa delas, durante um cafezinho, disse-me o amigo: "Vamos trabalhar com muito cuidado, pois nós seremos os últimos a ler este plano".

Nossa risada foi uma participação festiva na crença geral de que fazer planos é uma tarefa com valor em si mesma, da qual nada se espera realmente.

Por que teriam os planos chegado a tal descrédito? Porque, de fato, eles não têm servido para nada e porque, como atividade lúdica, eles são quase sem graça.

Essa ineficácia dos planos é consequência de alguns fatores óbvios cuja compreensão é simples.

Em primeiro lugar, a própria existência do "planejador" bloqueia a execução do plano. Parece claro que, se há "planejadores", há "executores" e, depois, "avaliadores". Em geral, os "planejadores" são poucos e os "executores", uma porção. Como resultado, temos uma pessoa, ou algumas, apontando a direção para todo um grupo que, se tiver consciência crítica, não aceita tal situação e que, se tiver consciência ingênua ou mítica, pode ser levado pela força ou pelo engodo, mas sem compromisso. Em qualquer destes casos, desprestigia-se o planejamento, que tem a difícil função de organizar a ação sem ferir a liberdade e a riqueza dos participantes de um grupo.

Em segundo lugar, quase como consequência, o fato de se pensar planejamento como uma "fabricação de planos", como um reunir ideias, como "bolar" algo — o que é uma compreensão parcial do planejamento —, limita as preocupações a uma etapa, a da elaboração, deixando completamente esquecidas as etapas de execução e de avaliação. Diante desta concepção, cumpre-se a missão assim que se escreveu o plano. Quem tiver consciência de que o planejamento inclui a execução — ou, pelo menos, que fazer um plano só tem sentido se for para pô-lo em prática — realizará esta parte da elaboração sob outro prisma, incluindo aqueles elementos que forçam a execução do decidido (como isso se torna possível, estudaremos mais à frente.)

Depois, não podemos esquecer o formalismo e a burocracia que matam tudo aquilo que tocam. Os *experts* fazem-nos preencher quadrinhos e formulários e nos dizem que estamos planejando. Evidentemente, nem eles mesmos levam a sério aqueles papéis e não julgam que vamos fazer algo daquilo. Mas a inconsciência e a falta de soluções os obrigam a render culto ao formalismo e à burocracia. Com isso desprestigia-se o planejamento porque chamam a esse preencher papéis de planejar. Conheci um homem que desprezava o leão porque lhe tinham mostrado um gambá e lhe tinham dito que aquilo era o rei dos animais.

Há ainda a falta de capacitação técnica das pessoas que "planejam" ou mesmo coordenam a feitura de planos, o que termina levando os planos à ineficácia. Se não seguir alguns princípios fundamentais e não utilizar técnicas apropriadas à vivência desses princípios, a escrita de planos está fadada a ser uma atividade pouco rentável, completamente inútil ou, até, perigosa.

Finalmente, muitas causas externas contribuem para que o planejamento não mereça o cuidado sério das pessoas que julgam significativa sua ação. Essas causas talvez apontem todas para a mesma direção: o planejamento é para a mudança, para a transformação, o que, provavelmente, não é o desejo dos "donos" de nenhum dos setores de atividade humana. Eles fazem propaganda para que creiamos em coisas, para que continuemos a agir descoordenadamente, e nós abrimos mão do planejamento de verdade. O substitutivo é desmoralizado com razão, e isso nos deixa mais longe de realizarmos o verdadeiro.

Claro que devem existir outras percepções sobre o porquê do relacionamento tão estreito entre plano e gaveta ou plano e prateleira. Não se deve deixar reflexão alguma tornar-se absoluta, mas continuar a fazer os próprios questionamentos, naturalmente relativizando, também, o próprio modo de pensar. Assim vamos descobrindo, cada um na própria experiência, uma parte da verdade.

O importante é que, descobrindo por que não se realizam os planos, aumentamos nossa condição de participar de um processo de planejamento que seja um processo de esclarecer e tornar precisa a ação do grupo em que estamos.

PARA QUE PLANEJAR?

Um grupo (sujeitos em interação) na dinâmica da ação-reflexão, que busca a verdade e tende à transformação e ao crescimento: eis a educação que deve estar em tudo.

A primeira coisa que nos vem à mente quando perguntamos sobre a finalidade do planejamento é a eficiência.

A eficiência é a execução perfeita de uma tarefa que se realiza. O carrasco é eficiente quando o condenado morre segundo o previsto. A telefonista é eficiente quando atende a todos os chamados e faz, a tempo, todas as ligações. O datilógrafo, quando escreve rapidamente (há expectativas fixadas) e não comete erros.

O planejamento e um plano ajudam a alcançar a eficiência, isto é, elaboram-se planos, implanta-se um processo de planejamento a fim de que seja benfeito aquilo que se faz dentro dos limites previstos para aquela execução.

Mas esta não é a mais importante finalidade do planejamento. Vi certa vez um homem que todas as manhãs se punha diante do prédio em que morava e levava horas e horas cortando uma folha de papel em minúsculos quadradinhos, todos iguais, que, depois, jogava fora. Era uma perfeita eficiência.... para nada.

O planejamento visa também à eficácia. Os dicionários não fazem diferença suficiente entre eficácia e eficiência. O melhor é não se preocupar com palavras e verificar que o planejamento deve alcançar não só que se façam bem as coisas que se fazem (chamaremos isso de eficiência), mas que se façam as coisas que realmente importa fazer, porque são socialmente desejáveis (chamaremos isso de eficácia).

A eficácia é atingida quando se escolhem, entre muitas ações possíveis, aquelas que, executadas, levam à consecução de um fim previamente estabelecido e condizente com aquilo em que se crê.

Além destas finalidades do planejamento — são as que os bons livros de planejamento ressaltam —, gostaria de introduzir a discussão sobre uma outra, tão significativa quanto estas, e que dá ao planejamento um *status* obrigatório em todas as atividades humanas: é a compreensão do processo de planejamento como um processo educativo.

É evidente que esta finalidade só é alcançada quando o processo de planejamento é concebido como uma prática que sublinhe a participação, a democracia, a libertação. Então o planejamento é uma tarefa vital, união entre vida e técnica para o bem-estar do homem e da sociedade.

Não pormenorizo aqui esta finalidade do planejamento porque todo este livro trata dela.

DEFINIR AJUDA A COMPREENDER

Quando se define uma árvore tiram-se dela os frutos e, naturalmente, as folhas e as flores.

Se cada um de nós referir a definição à sua ação concreta (melhor dizendo, à ação do grupo a que pertence), poderemos tirar grandes proveitos de uma definição, como auxiliar para a compreensão da ação. É evidente que uma definição, nesse contexto, é de valor inestimável quando a ela se chega por meio da própria ação. A reflexão e a descoberta alheias podem servir a qualquer um como indicação de rumos na direção dos quais pareça útil procurar. Por isso tentarei algumas definições de planejamento, a que cheguei pela reflexão sobre o que se faz no ramo. Naturalmente são definições do "dever ser", não do que acontece. Melhor: do que acontece com sucesso, caso em que "o que é" coincide com o "dever ser".

Muito mais importante do que ler as definições será que o grupo tente o seguinte:

a) descobrir os pontos essenciais comuns a todas;
b) compará-las com outras que o grupo conhece ou vive;
c) questionar todas as definições em função da prática do grupo e da teoria que tenta explicar esta prática;
d) se for o caso, optar por uma das definições e/ou elaborar outra.

Todas as definições que incluo — elas serão muito mais, provavelmente — têm em comum pontos essenciais, sem o que não se pode falar em planejamento.

a) Planejar é transformar a realidade numa direção escolhida.
b) Planejar é organizar a própria ação (de grupo, sobretudo).

c) Planejar é implantar "um processo de intervenção na realidade" (ELAP).
d) Planejar é agir racionalmente.
e) Planejar é dar clareza e precisão à própria ação (de grupo, sobretudo).
f) Planejar é explicitar os fundamentos da ação do grupo.
g) Planejar é pôr em ação um conjunto de técnicas para racionalizar a ação.
h) Planejar é realizar um conjunto orgânico de ações, rotinas, regras e proposto para aproximar uma realidade a um ideal.
i) Planejar é realizar o que é importante (essencial) e, além disso, sobreviver... se isso for essencial (importante).

O grupo que adotar qualquer dessas definições estará iniciando a correção dos problemas que o planejamento comumente apresenta. Melhor: estará colocando em sua reflexão alguns elementos que tenderão a questionar continuamente sua ação. Esse questionamento se fará, essencialmente, em três sentidos:

a) no planejamento temos em vista a prática, isto é, temos consciência de que a *elaboração* é apenas um dos aspectos do processo e que há necessidade da existência do aspecto *execução* e do aspecto *avaliação*;
b) no planejamento temos em mente que sua função é tornar clara e precisa a ação, organizar o que fazemos, sintonizar ideias, realidade e recursos para tornar mais eficiente nossa ação;
c) temos como definida e em evidência a ideia de que todo o autoritarismo é pernicioso e que todas as pessoas que compõem o grupo devem participar (mais ou menos, de uma forma ou de outra) de todas as etapas, aspectos ou momentos do processo.

DESCREVER É MELHOR

> *O peixe que eu pesquei não era um peixe qualquer: tinha esporas e dentes e escamas e olhos grandes e um lindo colorido azul.*

Muitas vezes, definir é seco e morto, enquanto descrever é esclarecedor e motivante. Isto acontece quando se fala em planejamento. A descrição que se segue não é descrição do que existe, mas do que deveria existir ou, dito de outra forma, daquilo que se pode colocar como ponto de referência para ser perseguido na tarefa do planejamento.

São três as perguntas básicas a serem feitas e continuamente retomadas (de forma dialética) em um processo de planejamento:
— O que queremos alcançar?
— A que distância estamos daquilo que queremos alcançar?
— O que faremos concretamente (num prazo predeterminado) para diminuir essa distância?

Modelos e metodologias dependem das concepções de homem e de sociedade que tem cada grupo. Por isso, podem variar sem grandes diferenças. Mas, se não forem respondidas as três perguntas, e de forma que uma resposta ajude na resposta das outras, não se poderá dizer que haja planejamento.

Por outro lado, o esforço em responder continuamente a estas três questões (na ação- reflexão) não apenas dá eficiência ao trabalho como é o processo educativo humano mais fundamental.

O que queremos alcançar?

A maioria dos planos que vi supunham que esta era pergunta já respondida. Desta forma, preocupavam-se em melhorar o que estava sendo feito, sem perguntar-se acerca do "para que" das ações.

Fazedores de tais planos assemelham-se àquele senhor a que deram como tarefa trocar de lugar as cadeiras de uma sala. Ele não poderia tirá-las da sala, nem modificar sua relação com os outros móveis. Só poderia dispô-las de modo diferente ao redor da mesma mesa. Após trocá-las, foi instado a fazê-lo uma segunda e uma terceira vez. E tantas vezes quantas pudesse naquele dia... Houve um descanso na hora do almoço e, depois, foi-lhe exigida mais rapidez (e eficiência...). À noite, as cadeiras estavam nos mesmos locais em que se achavam quando iniciara o trabalho. Mas ele estava quase morto de cansaço. Passou, então, a "planejar" para mudar o maior número de vezes as cadeiras de lugar. Com isso, até foi promovido a chefe do DMC (Departamento de Movimentação de Cadeiras) e pôde empregar mais gente.

A pergunta "o que queremos alcançar?" terá conotações diferentes quando respondida na indústria, no comércio, no governo, nas tarefas sociais... Na educação ela supõe, certamente, a busca de um posicionamento (sempre pronto e sempre provisório) a respeito do homem e da sociedade, a respeito da pedagogia. É um duplo posicionamento: político (no sentido de uma visão do ideal de sociedade e de homem) e pedagógico (no sentido de uma definição sobre a ação educativa e sobre as características que deve ter a instituição em que se planeja, uma escola, por exemplo).

A que distância estamos daquilo que queremos alcançar?

A resposta a esta pergunta nos traz aquilo que se deve chamar de diagnóstico.

Sabendo aonde queremos chegar (em termos de estrutura e funcionamento da instituição em planejamento, para que ela contribua para um determinado tipo de homem e de sociedade), deveremos perguntar se estamos longe ou perto disto, se a distância é de um tipo ou de outro, se há tendências de melhoria ou de degeneração...

A resposta a esta questão não é, essencialmente, uma descrição da realidade, mas um juízo sobre ela. Poderíamos apresentar a pergunta de outra forma: o que estamos fazendo contribui (até que ponto?) para a existência daquilo que queremos alcançar?

É necessária uma descrição da realidade (o que estamos fazendo), mas o essencial é o julgamento dessa realidade, na comparação com aquilo que queríamos que fosse.

O que faremos (num prazo predeterminado) para diminuir essa distância?

Respondidas as questões anteriores, pode-se estabelecer aquilo que é fundamental no planejamento: o que é necessário e possível concretamente para diminuir a distância entre o que se faz e o que se deveria estar fazendo.

É o que chamamos de programação. Inclui os objetivos e as políticas de ação; os primeiros, ações que nos comprometemos a realizar num determinado período para atingir fins, e as segundas, princípios que regerão nossa ação no período de validade do plano.

Trata-se, sempre, de agir na direção do que se estabeleceu como ideal, com a luz que brotou do julgamento que se fez sobre o que se está realizando.

O que descrevi até aqui, neste capítulo, é a parte de elaboração do planejamento. As outras duas partes são a execução (ação em conformidade com o que foi proposto) e a avaliação (revisão contínua de cada parte e de cada aspecto no processo).

A partir desta descrição, deixo para a meditação a seguinte definição de planejamento da educação:

Planejar é:

elaborar — decidir que tipo de sociedade e de homem se quer e que tipo de ação educacional é necessária para isso; verificar a que distância se está deste tipo de ação e até que ponto se está contribuindo para o resultado final que se pretende; propor uma série orgânica de ações para diminuir essa distância e para contribuir mais para o resultado final estabelecido;

executar — agir em conformidade com o que foi proposto; e

avaliar — revisar sempre cada um desses momentos e cada uma das ações, bem como cada um dos documentos deles derivados.

MODELO DE PLANO

Um plano é bom quando contém em si a força que o faz entrar em execução. Ele deve ser tal que seja mais fácil executá-lo do que deixá-lo na gaveta.

A partir do que ficou exposto no capítulo anterior, chega-se a um modelo de plano. Repito a observação de que, mesmo sendo possível um processo de planejamento sem plano(s), pelo menos quando a realidade planejada é restrita, este instrumento é valiosíssimo, principalmente como momento de convergência e reunião das conquistas do grupo.

Importante é questionar sua funcionalidade — um modelo é bom se funciona — e aplicá-lo a situações amplas e a situações restritas, a fim de ver se ele resiste.

Convém ressaltar, ainda, que, em um processo de planejamento cuja duração é indefinida, o(s) plano(s) tem duração bem fixada. Este modelo tem em vista um prazo médio (3 a 5 anos), e deve sofrer adaptações — veremos como — no caso de o prazo ser mais curto, de um ou dois anos.

É claro que um plano diz respeito apenas à etapa que chamei de "elaboração". Isso não deve fazer parecer incompleto o modelo apresentado a seguir. O que é preciso ressaltar, sempre, é que tudo deve ser pensado, nesta etapa, em função da execução. Neste sentido, ao se propor um modelo de plano, o direcionamento e a base estão sendo dados pela necessidade de execução.

Neste modelo, cada parte tem explicitado o seu significado e indicadas as principais perguntas a que se deve dar resposta. É claro que as questões podem ser acrescidas de outras e que variações são perfeitamente cabíveis. Pretendi apenas oferecer uma indicação básica, para servir de orientação inicial. Como em todos os outros pontos, aqui também é recomendável que os coordenadores de um processo de planejamento procurem seu próprio posicionamento e, sobretudo, seu próprio modo de agir.

Observe-se que a presença da mesma letra (A,B,C) indica uma correspondência entre os tópicos que ela assinala.

PARTES	SIGNIFICADO	QUESTÕES FUNDAMENTAIS
1. MARCO REFERENCIAL Desdobrado em três aspectos: A. Marco situacional B. Marco doutrinal C. Marco operativo	é o ideal	A. Como é a realidade global? B. O que pretendemos alcançar, neste contexto? C. Como deve ser nossa ação (globalmente) para buscar o que pretendemos? ou A. Onde trabalharemos? (Como se apresenta o mundo humano?) B. Para que trabalharemos? (Que finalidades e funções terá nossa instituição, neste mundo humano?) C. Como trabalharemos? (Que direção tomar e que enfoques daremos ao nosso trabalho?)
2. DIAGNÓSTICO	é a comparação entre o ideal (deve ser) e o real	B. Até que ponto estamos contribuindo para que o mundo humano seja como pretendíamos que fosse? Quais as causas dos fracassos? Quais as causas dos sucessos? C. A que distância está nossa instituição do ideal que dela fizemos? O que aumenta esta distância? Quais as causas desta distância? O que já existe que ajuda a diminuir esta distância?
3. PROGRAMAÇÃO Inclui: objetivos, políticas e estratégias, responsáveis, demais instruções de execução.	é a proposta de ação	O que faremos na duração do plano (orientações da ação e ações concretas) para contribuir mais na direção do que pretendemos alcançar e para diminuir a distância entre o ideal e o real de nossa instituição?

O MARCO REFERENCIAL

> *Há quem procura andar o mais depressa possível, não importa para onde. Mestre Cedro escolheu ir a um lugar predeterminado, não sendo essencial ir depressa.*

Dizer para que existe hoje a instituição em que se planeja (para que vai existir nos próximos anos) é a parte mais importante de um plano e, mesmo, de um processo de planejamento. Sabe-se, de outros textos, que pode faltar quase tudo em planos, menos objetivos. Isso é correto. Contudo, estabelecer objetivos (ações práticas a realizar em determinado tempo) sem saber para que é, no mínimo, perder o próprio tempo. Por isso, algo que é, de fato, condição (no planejamento entendido na pura técnica) é a parte mais importante, num processo entendido como algo vital.

Um grupo que planeja é, por exemplo, um grupo de escola (pode ser o pessoal de uma secretaria de educação etc.). Ele tem de se definir, expressar sua identidade: dizer quem são seus participantes, o que é a instituição e o que pretende alcançar.

Os enfoques que esta busca de identidade deve levar em conta *estão* apontados no capítulo sobre o modelo de plano. Trata-se de um posicionamento em termos sociológicos, filosóficos (teológicos), psicológicos, pedagógicos...

Marco situacional

Num primeiro momento (a separação é mais didática do que real) o grupo expressa sua compreensão do mundo atual. Procura *descrever e julgar* o mundo nos aspectos social, econômico, político, cultural, religioso, educacional. Os pontos que terão realce serão os que o grupo julgar que merecem tal realce. De qualquer modo, para um plano educacional, é imprescindível a compreensão socioeconômica-política-cultural do momento, porque é neste todo que está integrada a educação.

A pergunta básica a ser respondida será: como se apresenta o mundo em que estamos inseridos? Será uma descrição e um julgamento. O próprio fato de se ressaltar alguns aspectos e deixar outros na penumbra ou no escuro já é um julgamento.

Além disso, é importante que a situação descrita seja valorizada: é o posicionamento do grupo que vai tomando corpo.

Marco doutrinal

Num segundo momento o grupo expressa seus ideais.

Advirto, de imediato, que duas coisas são importantes aqui.

Primeiro, quando se diz ideal, pretende-se escrever, mesmo, ideal, "aquilo que é de nossa mais alta aspiração; alvo de ambições ou afetos; perfeição" (*Pequeno dicionário brasileiro da língua portuguesa*). Trata-se, portanto, de um marco, um ponto razoavelmente inamovível que serve como utopia, como força, como orientação. Não pode ser algo inteiramente alcançável, embora não possa constituir-se do teoricamente impossível para o homem.

Segundo, dizer ideal não significa dizer coisas fantasiosas. Não se trata de estabelecer algo imaginado, sem ligação com o momento, sem a força da teoria, sem a justificativa da realidade. Antes, pelo contrário, trata-se de propor algo enraizado, possível e realizável, enquanto proposta da qual nosso esforço possa nos aproximar gradativamente.

Inserida nessas duas advertências está, por exemplo, a simples opção por um homem participativo e por uma sociedade que permita a participação. É algo que constitui um ideal, alcançável sempre em maior profundidade, próprio para o momento, contudo difícil de ser atingido plenamente. Ou a própria proposta quantitativa (por exemplo, num plano de secretaria de educação) de escolarizar, digamos, 95% da população na idade de 7 a 14 anos.

Esses ideais podem variar amplamente, conforme a realidade planejada, mas o que foi dito vale tanto para os aspectos quantitativos como para os qualitativos, embora seja mais real para esses últimos.

É importante aqui a presença da teoria, porque é a teoria adotada para a ação que se constitui na doutrina. De outra forma, a doutrina seria arbítrio e levaria, insensivelmente, à dominação, mesmo com a boa vontade dos "que planejam".

Essa doutrina (esse ideal) deve ser enunciada a respeito do homem e da sociedade, pelo menos quando se trata de planejamento no campo social. Basicamente, é preciso ter clareza sobre o que se pretende com o esforço que se faz (esforço educacional, por exemplo, seja uma escola, seja outra instituição ou outra realidade). Por isso, a descrição de uma sociedade ideal e de um homem ideal, não existentes (talvez nem possíveis em todos os aspectos e/ou em todos os lugares e/ou em todos os momentos), é fundamental, porque, a partir daí, todo o esforço terá uma direção clara.

O que importa, realmente, não é dizer genericamente que devam existir tais e tais coisas, como, por exemplo, espírito crítico, participação etc. Interessa é dizer o que significa cada coisa para o grupo, dizer até quando, onde, como e para que cada característica ou situação deve ser realizada.

Marco operativo

É necessário, ainda, um posicionamento a respeito do que é adequado para que a instituição em que se planeja (e o grupo que a compõe) seja fator eficiente na aproximação da realidade existente à realidade idealmente descrita.

No caso de um trabalho educacional, irá se tratar de um posicionamento pedagógico que inclua a descrição do tipo de educação que se supõe adequada e coerente com os ideais de homem e de sociedade, descritos no marco doutrinal, e os principais enfoques da ação da instituição, de sua organização, de seu modo de ser, de sua metodologia.

Não se acentuará suficientemente, suponho, a necessidade de que este marco operativo seja pensado para esclarecer e impulsionar a ação da instituição na sua contribuição para que aconteçam aqueles ideais do marco doutrinal. Pode-se, assim, dizer que o marco doutrinal se situa no nível dos fins, enquanto o marco operativo se situa no nível dos meios. Convém ressaltar, contudo, que não se trata de propor as ações concretas que se vai realizar (isto é conteúdo da programação), mas de enunciar os grandes posicionamentos que guiarão a ação da instituição como um todo e das pessoas que compõem seus quadros. Numa escola, por exemplo, elaborar um marco operativo significa propor (escolher ou compor) um tipo de educação, traçar linhas gerais de organização da escola (governo, participação...), definir enfoques ou prioridades que serão sublinhados no período do plano, tudo em coerência com o marco doutrinal e para realizar os ideais nele traçados.

O DIAGNÓSTICO

> A prática de pensar a prática é a melhor maneira de pensar certo.
> *Paulo Freire, revista* Educação e Sociedade, *n. 1, p. 65*

A que distância estamos do tipo de ser, do tipo de organização, do tipo de metodologia e do tipo de ação que nos propusemos no marco operativo? Com que contamos para diminuí-la? Como são, que esperam, que pensam os membros do grupo (da instituição) em relação aos temas do marco referencial? Quais são as causas dos problemas existentes?

Estas são as questões fundamentais que devem ser respondidas num diagnóstico.

O diagnóstico é, como já foi dito, a parte de um plano que profere um juízo sobre a instituição planejada em todos ou em alguns aspectos tratados no marco operativo (que descreveu o modo ideal de ser, de se organizar, de agir da instituição), juízo este realizado com critérios retirados do próprio marco operativo e, sobretudo, do marco doutrinal. É também matéria do diagnóstico o juízo circunstanciado que esclareça até que ponto a instituição está contribuindo para que aconteça aquela sociedade e aquele homem que foram apresentados como ponto de chegada de todo o esforço, no marco doutrinal.

O diagnóstico é, dito de outra forma, o resultado da comparação entre o que se traçou como ponto de chegada (marco referencial) e a descrição da realidade da instituição como ela se apresenta.

Por isso, não é possível realizar um diagnóstico sem saber o que se quer alcançar ao final (marco doutrinal) e/ou sem saber como se pretende que seja a instituição (marco operativo). Estes aspectos do marco referencial são o parâmetro, contêm os critérios para julgamento da realidade. Muitos planos começam com o "diagnóstico" e ficam obviamente numa descrição da realidade, sem critérios para escolher que pontos (aspectos) levantar da realidade e, pior, sem possibilidade de julgar essa realidade, a não ser por meio de comparações com chavões sem base.

Se, por exemplo, alguém disser que no sistema educacional de ensino há tantos por cento de reprovações no 1º grau, anualmente, estará descrevendo a realidade, mas não fazendo um diagnóstico. Apenas um marco doutrinal (que falará nos fins da educação, não em geral, mas nos que se adotarão em tal realidade) e um marco operativo (que vai dizer o que é bom ou mau, por exemplo, em termos de avaliação) é que possibilitarão escalonar este fato em relação a outros, encaminharão levantamentos de hipóteses sobre causas e efeitos e, sobretudo, permitirão concluir se aquele percentual de reprovação é bom ou mau. Um grupo que julgasse ser a reprovação sempre um mal diria que o sistema de ensino tem problemas quando se verifica qualquer percentual de reprovação; se o grupo pensa (vai constar no marco referencial) que deve haver um percentual de reprovações, dirá que o sistema vai mal quando não se verificarem "suficientes" reprovações. Se uma escola estabelece a participação como um de seus ideais operativos, dirá (no diagnóstico) que vai muito bem quando os alunos, por exemplo, se propõem a analisar o tipo de trabalho que se realiza nas salas de aula; se, contudo, prezar mais (em seu marco operativo) a obediência e o respeito à autoridade, dirá, diante da mesma realidade (o fato de os alunos quererem analisar o trabalho dos professores), que a escola vai mal.

Então é importante, no diagnóstico, o julgamento da realidade a partir de critérios estabelecidos segundo aquilo que se disse "dever ser". Assim, o médico faz um diagnóstico: diz que algo está mal (vai depois em busca das causas) quando constata 39 graus de temperatura em um paciente (descrição da realidade), porque julga esta realidade com o critério do que deveria ser (os 36 vírgula qualquer coisa que são a temperatura normal do corpo humano). Esta temperatura normal é dada pela teoria. No caso de um marco doutrinal e operativo de uma instituição social é também a teoria que vai dar o "deve ser", embora com possibilidades de posicionamentos pessoais muito importantes, que nosso médico não tem (mas que mesmo o médico tem em outros pontos).

Como ressaltei tanto que o diagnóstico não é a descrição da realidade, devo enfatizar, também, que ele só é possível a partir desta descrição: se não se conhecer a realidade, não se pode realizar um diagnóstico.

Assim, na realização de um diagnóstico inicial e no refinamento de diagnóstico existente, ocorrem duas etapas complementares: a pesquisa e o juízo, aquela para se alcançar uma descrição da realidade existente e este para comparar o que se realiza com o que se pretende (marco referencial), a fim de estabelecer a distância.

A pesquisa[1]

A pesquisa é do tipo que, comumente, se chama de pesquisa avaliativa: ela tem a função de conseguir os dados com os quais se possa fazer uma descrição da realidade. Sem entrar nos detalhes de um processo de pesquisa, abundantemente estudados em muitos bons manuais, estabeleço aqui os passos do tipo de pesquisa apto para o processo de planejamento e analiso as preocupações maiores que se deve ter em sua realização.

Os seguintes passos não poderão faltar numa pesquisa:
a) definição da pesquisa;
b) elaboração de instrumento(s);
c) aplicação do(s) instrumento(s) — coleta de dados;
d) tabulação dos dados;
e) leitura dos dados — DESCRIÇÃO DA REALIDADE.

Cada passo é decisivo para uma boa descrição da realidade. A bibliografia que ajuda no desdobramento de cada um desses passos é razoável e deve ser procurada para aperfeiçoar o trabalho.

Aqui só serão dadas algumas indicações que têm como objetivo mostrar alguma especificidade que a pesquisa assume para melhor

---

1. Posteriormente, fiz uma opção definitiva pela pesquisa-ação ou pesquisa-participante, ilustrada em meus outros livros, como em *Indicadores – Sinais da realidade no processo de planejamento*, também publicado por Edições Loyola. Entretanto, este modo, mais tradicional e não tão participativo, funciona porque é baseado no método científico, embora numa visão mais acadêmica e perfeitamente válido nas pesquisas sobre outros seres, não pessoas, ou quando não se queira a participação delas como construção conjunta.

servir a um processo de planejamento, em que a principal finalidade é a transformação da realidade e no qual a pesquisa tem o objetivo de possibilitar a realização do diagnóstico, que, por sua vez, junto com o marco referencial, será a base de toda a programação.

a) Definição da pesquisa

Este passo compõe-se de três tarefas: estabelecer as áreas (temas, assuntos) em que se vai pesquisar; definir o objetivo da pesquisa em cada uma das áreas; e determinar os indicadores para cada uma delas.

Embora uma pesquisa, mesmo num processo de planejamento, seja tarefa que pode ser encomendada a especialistas de dentro ou de fora da instituição (diferentemente do marco referencial, que deve ser elaborado pelo grupo que trabalha na instituição, com a ajuda de livros e de especialistas, se parecer conveniente), é importante que sua definição seja realizada por todos os que trabalham na instituição (pessoalmente e não de forma representada, sempre que possível). Isto porque, além de ser tarefa esclarecedora e educativa, seu resultado deve ser coerente de forma total com o marco operativo.

O estabelecimento das áreas da pesquisa consiste na divisão do conteúdo do marco operativo em áreas abrangentes, quantas forem necessárias para cobrir a matéria nele tratada. Trata-se, basicamente, de prever em que aspectos deve ser descrita a realidade (em que aspectos há interesse em fazer o levantamento da realidade da instituição). Obviamente, estes aspectos são aqueles apresentados no marco operativo, já que não vão interessar outros aspectos, aqueles que não dizem respeito às preocupações atualizadas da instituição. Se o marco operativo fala em participação, em direção conjunta, em relação escola-comunidade, estas serão outras tantas áreas de pesquisa, porque é necessário saber como a realidade está nesses pontos, para compará-la com o ideal traçado.

Para cada área deve-se definir o que se pretende verificar, isto é, determinar o objetivo da pesquisa naquela área. São exemplos de objetivos: verificar até que ponto o trabalho realizado na escola contribui para tal aspecto; descobrir até que ponto tal outra coisa está presente na escola; até que ponto a escola está alcançando tal

ÁREAS	OBJETIVOS	INDICADORES
Criatividade	Verificar até que ponto na escola há ambiente para desenvolver a criatividade.	Produz-se material novo. Há desenho artístico. Há entrevistas, pesquisas. Apresentam-se experiências. Há trabalho do aluno em sala de aula. Há festivais, exposições, assembleias, feira de ciências, concursos literários.
Senso crítico	Verificar até que ponto a escola dá oportunidade para o desenvolvimento do senso crítico.	Há autoavaliação e avaliação grupal. Há debates. Há contestações, reivindicações. Fazem-se pesquisas. Há tomadas de posição (alunos e professores).

outro aspecto; como é a consciência de alunos e/ou de professores em tal aspecto etc.

Mais difícil é estabelecer indicadores, isto é, determinar evidências — fatos, situações, ações — que mostrem que tal aspecto (área) está presente na realidade da instituição.

O quadro a seguir mostra o resultado a que chegou uma escola no seu trabalho de definição da pesquisa (uma parte apenas: o trabalho tinha mais áreas).

b) Elaboração de instrumento(s)

Tendo bem claras as áreas, os objetivos da pesquisa e, sobretudo, os indicadores, não é excessivamente difícil preparar instrumento(s) para levantar dados.

Antes de preparar instrumentos, é conveniente reunir as informações requeridas pelos objetivos e indicadores e que já estejam à disposição. Evita-se, assim, um trabalho desnecessário.

Estes instrumentos serão, geralmente, questionários, roteiros de entrevistas e fichas de observação. Todos eles se resumem a uma série de perguntas que, respondidas, mostram a existência dos indicadores e a intensidade dessa presença. Há bibliografia suficiente sobre os cuidados que se deve ter na preparação de instrumentos. Julgo que devo lembrar, de passagem, dois desses cuidados.

Primeiro, todo instrumento deve ser apresentado a quem conhece bem o tema de que ele trata, a fim de que haja um pronunciamento sobre se os indicadores foram realmente bem organizados, isto é, se os dados a ser recolhidos serão necessários e suficientes para atingir o objetivo da pesquisa naquela área.

Segundo, todo instrumento deve ser aplicado a um pequeno grupo da população-alvo a fim de verificar se as perguntas estão sendo compreendidas do mesmo jeito por todos os que irão responder, isto é, para verificar se as perguntas estão claras.

c) *Aplicação do(s) instrumentos(s)*

Entre nós, educadores, é corrente o pensamento de que conhecemos a realidade e de que não há necessidade de investigação científica. É um erro que será rapidamente compreendido quando iniciamos um trabalho de aplicação de instrumentos de pesquisa entre professores, alunos e pais de alunos.

Entre os cuidados que se deve ter na aplicação de instrumentos de pesquisa, bem catalogados nas obras que tratam do assunto, quero ressaltar dois: direcionar os instrumentos àquelas pessoas que conhecem a realidade que se quer abordar e nada perguntar a quem ganharia algo se mentisse ou perderia se dissesse a verdade.

d) *Tabulação dos dados*

Tarefa rotineira que consiste em estabelecer o número de vezes que cada resposta aconteceu, com a respectiva percentagem.

e) *Leitura dos dados*

Consiste, basicamente, na passagem dos números para uma linguagem comum que descreve o que está acontecendo (o que é), sem contudo emitir diretamente um julgamento sobre esta realidade. Procura descrever com detalhes a situação, baseando-se nos dados e só nos dados, e utiliza expressões deste tipo: sempre, nunca, às vezes, quase sempre, quase nunca, muitos, muitíssimos, todos, quase todos, ninguém, quase ninguém, quase todos, fraco, forte, fracamente, fortemente, a maioria, totalmente, de um modo geral, muito forte, muito fraco, poucos, pouquíssimos, há indícios, há quase certeza, é difícil saber, não há dados, presumivelmente... Chega-se a uma descrição da realidade e, se a pesquisa foi bem definida e bem realizada, tem-se uma visão da instituição naqueles aspectos que interessam porque estão no marco operativo.

O juízo

Mesmo que a elaboração de instrumentos, sua aplicação, a tabulação de dados e até sua leitura tenha sido realizada por uma equipe da instituição ou de fora dela (como aprendizagem é excelente que todos os membros da instituição participem destas tarefas), é importante que o juízo sobre a realidade seja executado pelos que participam da instituição, todos ou o maior número (representativamente) possível.

Para realizar o diagnóstico, é necessário voltar ao marco referencial, sobretudo ao seu aspecto operativo, e comparar o que se previu como desejável com o que se verificou estar acontecendo na realidade e que está expresso na leitura de dados, conclusão da pesquisa. Trata-se basicamente de responder às questões que abrem este capítulo: a que distância está a instituição do tipo de ser, de organização, de metodologia e ação que se propôs no marco operativo? Que características tem essa distância? Que fatores influem para aumentar essa distância? Com que conta a instituição para diminuir essa distância? Quais as causas dos problemas existentes?

PROGRAMAÇÃO

Se o planejamento não leva à clareza em relação ao agir, é preferível evitar falar em planejamento: para não se enganar.

A programação é a proposta de ação para aproximar a realidade existente à realidade desejada.

Os autores concordam que a clareza naquilo que se vai fazer concretamente é o resultado mais desejável de um plano e, mesmo, sua parte mais importante. Isso é correto. O que a maioria não acentua é que alcançar essa clareza é tarefa que depende de um bom marco referencial e de um bom diagnóstico.

A programação tem duas dimensões: a dos objetivos e a das políticas. Esta dupla face da programação é ponto que traz algumas dificuldades teóricas e que, por isso, não é suficientemente levado em conta na teoria e na prática, com enormes prejuízos para o bom nome e para a eficiência do planejamento. Vale a pena aprofundar o estudo deste aspecto, mesmo que ele pareça desnecessário: os resultados que advêm da compreensão deste ponto num processo concreto de planejamento são valiosíssimos.

Objetivos

Objetivos são propostas de ações concretas que devem ser executadas em um tempo determinado e servem para aproximar a realidade existente à realidade desejada ou para preparar condições a fim de que essa aproximação possa acontecer. A realização dessas ações concretas vai requerer recursos humanos e materiais e prazo.

Os critérios básicos na fixação dos objetivos são sua necessidade e sua exequibilidade no tempo de duração do plano, segundo as circunstâncias existentes, com os recursos de que se dispõe: as ações concretas que vão constar como objetivos na programação devem ser necessárias (para aproximar o real do ideal ou para permitir que se criem condições para isso), mas devem ser, também, exequíveis. Observe-se que a situação aqui é completamente diferente daquela no momento de proposição do marco referencial : naquela oportunidade, os nossos anseios, as nossas grandes ideias não só podem como devem estar presentes; na programação, embora continue presente o "dever ser", isto é, aquilo que é necessário, aparece com força maior a categoria do possível.

1. Tendências atuais na fixação de objetivos

Quando se trata se fixar objetivos, encontramos, entre as pessoas envolvidas com educação, duas tendências bem claras, cada uma com suas vantagens e seus defeitos (quando se trata de passar à ação).

A primeira é propor objetivos amplos, um tanto quanto abstratos, cuja enunciação não leva em conta ações. Como consequência, os objetivos se apresentam como aspirações (muitas vezes vagas) e terminam como matéria para reflexões desligadas da realidade, mas não como dinamizadores e desencadeadores de ação. Não se faz uma exata distinção entre o que é conteúdo e forma de marco referencial e o que é conteúdo e forma de programação.

São assim os objetivos que falam, por exemplo, em "inserção e participação no contexto histórico", em "valorização da pessoa", em "conscientização e integração" etc.

Tais formulações têm, claramente, um mérito importante: colocam os participantes de um processo numa perspectiva do marco referencial, não ficando apenas em executar ações desligadas de um posicionamento e de um fim. O problema está em que se contentar com formulações desse gênero é entorpecer-se em palavras que não levam à realização daquelas aspirações legítimas. "Desenvolver o espírito crítico", "fazer crescer a solidariedade" são exemplos desta forma de propor objetivos: a ação é difícil porque não há nada concreto nestes enunciados em termos de ação.

A segunda tendência, surge, exatamente, para eliminar esse grande defeito da forma anterior de fixar objetivos. Pensam os educadores objetivos operacionais que têm, justamente, a virtude de trazer o esforço para um campo em que é possível saber o que fazer concretamente. O que acontece com isso é, contudo, um grave problema: o esforço educacional se desligando gradativamente de objetivos que signifiquem fins importantes e a prisão em pequenas ações sem que se lembre com clareza para que, mesmo, elas estavam sendo realizadas. Fixam-se claramente objetivos, como: "identificar pronomes pessoais", "ouvir em silêncio as recomendações dos professores". A partir daí tem-se clareza sobre *o que* se vai fazer, mas facilmente se esquece *para que* se vai fazê-lo, tanto num nível imediato, pessoal, como num nível mais abrangente, social.

2. Proposição

Para sanar as desvantagens apontadas, conservando os benefícios, surgiu a proposta de elaborar objetivos de forma a que aparecesse, sempre, "o que" se vai fazer e "para que" se vai fazê-lo. Assim, buscam-se resultados significativos e sabe-se claramente o que se vai realizar. E, sobretudo, aumenta-se a possibilidade de que haja coerência entre o que se quer alcançar e o que se faz para alcançá-lo.

Exemplificando, podemos analisar melhor essas vantagens. Utilizo um objetivo no nível de plano global de médio prazo de uma escola: "Dinamizar a vivência do método científico em toda a esfera de atuação, para desenvolver habilidades de observação e de senso crítico".

"Dinamizar a vivência do método científico" é algo concreto, que se pode fazer (desde, é claro, que se saiba o que é método científico). É, portanto, um "o quê" útil de figurar num plano (não de curto, mas de médio prazo).

"Desenvolver a capacidade de observação e de senso crítico" é algo importante (desde que o grupo pense, realmente, que é importante ao homem ser observador e ter senso crítico — o que ficaria expresso no marco referencial).

Observe-se que podem ser escolhidas outras ações para contribuir para o desenvolvimento da observação e do senso crítico. Esta deve ter sido escolhida porque o diagnóstico mostrou que é possível fazer isto em tal realidade, porque existem condições (sabe-se o que é, os professores aceitam, há recursos...). Do mesmo modo, a dinamização do método científico poderia ser proposta como alternativa para alcançar outra coisa que não o desenvolvimento do espírito de observação e de senso crítico. Dessa forma, quando se realiza algo, procura-se, explicitamente, atingir o que ficou expresso no marco referencial. A escolha do que se vai fazer é condicionada por alguma finalidade.

Outro exemplo mostraria melhor essa situação: "Implantar um processo de planejamento para incrementar a participação". Poderia ser para "desenvolver o espírito crítico" e, até, para "aumentar a força da equipe de direção". Além do natural sentido de aumentar a eficiência do processo, que pode ou não ser expresso.

Esta técnica de expressar objetivos permite dimensionar melhor o que se quer alcançar com determinadas ações (o enfoque principal fica expresso e quando se age sabe-se claramente o que se está buscando, o que, assim, se alcança mais fácil, rápida e profundamente). Por outro lado, permite escolher com mais precisão aquelas ações que serão importantes para alcançar determinados fins que nos interessam.

3. Árvores de objetivos

Em termos gerais, à moda de um modelo para compreender a realidade, é evidente que a intencionalidade do nosso agir fará suceder que uma ação realizada (junto com outras do mesmo nível) cooperará para alcançar algo proposto como nível imediatamente superior; que este algo alcançado (juntamente com outros do mesmo nível) ajuda a alcançar algo mais distante; que isso, quando alcançado juntamente com outros do mesmo nível, é fator de alcance para algo mais distante; e assim por diante, até o alcance do que o grupo tem como bem supremo, seja o Reino de Deus, a democracia, o dinheiro, o bem-estar ou outra coisa qualquer.

Isto faz-nos chegar ao que vou chamar "árvore de objetivos", cuja compreensão parece útil para o caso de planejamento de uma instituição — uma escola, por exemplo — que pretenda cumprir seu papel de contribuir para o bem global de um povo e não apenas transmitir alguns fatos e algumas fórmulas sem validade real alguma.

Por meio desta "árvore", busca-se uma coerência em termos de objetivos em seus diversos níveis. Ela representa, contudo, antes um ideal ao qual se pode ir aproximando a compreensão que a instituição tem de seu agir, do que algo que vai ser alcançado com todo o rigor: não é, praticamente, possível dominar de tal forma o agir humano, havendo sempre parte da ação que ultrapassa os esquemas de planejamento. Além disso, é preciso considerar que nenhum esforço setorial é capaz de direcionar o alcance dos fins mais distantes, mas apenas de contribuir para que eles se realizem.

Essas observações sobre limitações não retiram o valor do que disse acerca da "árvore", cuja configuração pode-se ver na figura.

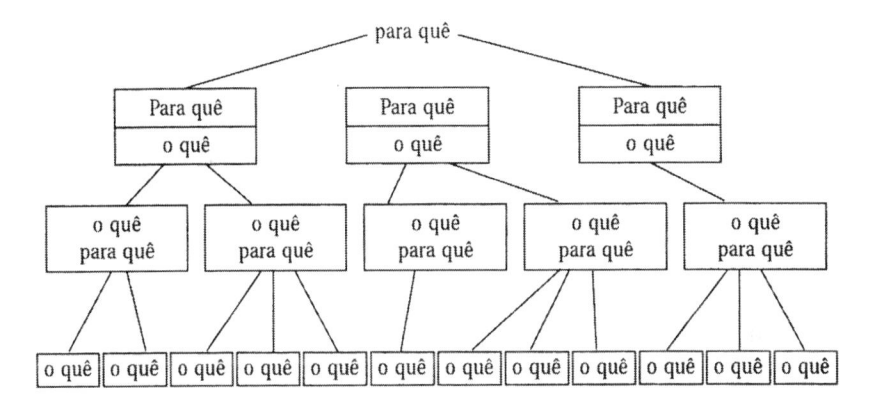

```
                    ─ para quê ─
        ┌──────────────────┼──────────────────┐
    ┌───────┐          ┌───────┐          ┌───────┐
    │Para quê│          │Para quê│          │Para quê│
    │ o quê │          │ o quê │          │ o quê │
    └───────┘          └───────┘          └───────┘
    ┌──────┬──────┐  ┌──────┐  ┌──────┬──────┐
    │o quê │o quê │  │o quê │  │o quê │o quê │
    │para  │para  │  │para  │  │para  │para  │
    │ quê  │ quê  │  │ quê  │  │ quê  │ quê  │
    └──────┴──────┘  └──────┘  └──────┴──────┘
   │o quê│o quê│o quê│o quê│o quê│o quê│o quê│o quê│o quê│o quê│o quê│o quê│
```

São vários grupos de "o quê" (ações concretas) contribuindo, cada grupo, para um "para quê". Estes, por sua vez, se reagrupam, são "o quê" para algo mais importante e, assim, sucessivamente.

À medida que a clareza se implanta em todo o agir de uma instituição, as relações entre os diversos "o quê" e os diversos "para quê" se tornam mais precisas e, sobretudo, as ações do dia a dia adquirem o valor de ser executadas para algo e de realizar, assim, as ideias que permeiam e revigoram a instituição (que vão sendo fixadas no marco referencial).

Ressalto, de novo, que, se esta coerência tão global parece inatingível (de fato é), isso não deve preocupar ninguém: nem se pode pensar que os objetivos expressos no planejamento atinjam tal perfeição. A validade de refletir sobre e tentar realizar este tipo de organização nos objetivos é a de alcançar o máximo de coerência e, sobretudo, de não se resvalar para uma incoerência tão grande que não haja mais sentido em falar em planejamento.

4. Objetivos gerais e objetivos específicos

Se quisermos falar em objetivos gerais e específicos, devemos lembrar que isso é relativo ao nível de generalidade em que nos colocarmos. Mas, sempre que tivermos um objetivo geral (com seu "o quê" e seu "para quê"), os objetivos específicos serão um conjunto de "o quê", todos com um "para quê" igual ao "o quê" de objetivo geral.

Voltemos ao exemplo ao exemplo concreto apresentado acima: "Dinamizar a vivência do método científico para desenvolver as capacidades de observação e de espírito crítico". Os objetivos específicos desse objetivo geral serão ações concretas (o quê), cujo "para quê", de todas, será "dinamizar a vivência do método científico".

Poderíamos pensar, embora isso possa ser diferente porque aqui tudo é relativo, que os objetivos gerais fossem dos planos de médio prazo e os objetivos específicos, dos planos de curto prazo.

5. Dimensões dos objetivos

O que se pensou como ideal (marco referencial) tem duas dimensões, e é nelas que os objetivos vão se organizando: a doutrinal e a operativa. Assim, os objetivos devem ser propostos a fim de contribuir para aproximação da realidade àquele ideal de homem e de sociedade expresso no marco doutrinal e para aproximar o modo de ser e de agir da instituição àquele ideal traçado no marco operativo. Dito de outra forma: tendo sido indicado um ideal de homem e de sociedade e um ideal de instituição, os objetivos são propostos para transformar, nos dois casos, a realidade existente, a fim de aproximar este real (em cada caso) ao ideal traçado.

6. Responsabilidade na execução

Muito importante é que a realização de cada objetivo seja atribuída a alguém. Só pode haver resultados práticos se cada um dos objetivos estabelecidos estiver sob a responsabilidade ou de alguém ou de algum órgão da instituição; não é necessariamente uma responsabilidade que signifique ser essa pessoa ou órgão o executor das ações incluídas no objetivo, mas que, de qualquer forma, configura a responsabilidade de coordenação para que essas ações aconteçam. Distinguirei, no capítulo seguinte, plano global e planos setoriais e veremos que há objetivos da responsabilidade das coordenações dos diversos setores (planos setoriais).

É difícil ressaltar suficientemente que, em planejamento, não se pode falar em objetivos se a proposição que os encerra não traz, junto, a conotação da realização concreta de ações rumo a alguma coisa. É claro que a palavra objetivo pode significar outras coisas, como, por exemplo, aspirações, fins, mas ela está sendo utilizada neste livro com o significado bem específico que foi apontado.

Políticas e estratégias

Outra modalidade de proposição para a mudança da realidade é o estabelecimento de políticas e estratégias. É outra forma de aproximação à ação, às vezes confundida no âmbito da denominação geral e inespecífica de objetivos. É sumamente importante esta distinção para aumentar a funcionalidade de um processo de planejamento.

Políticas são, também, como os objetivos, propostas de programação. Ao contrário dos objetivos, que são ações concretas que devem ser realizadas em um determinado tempo, as políticas são princípios de ação, propostas para dar uma direção própria a tudo o que se faz na instituição.

Lembre-se aqui que nem tudo pode estar nos planos, havendo sempre coisas que acontecem fora e além dos objetivos propostos. A elaboração de políticas é a tentativa de abarcar de modo mais amplo todas as ações da instituição: qualquer coisa que se realize seja realizada dentro dos princípios de ação que são as políticas, escolhidas para o tempo do plano. Deste modo, como acontece com os objetivos, as políticas também expressam prioridades.

Tomemos um exemplo de política: "Que a análise constante da realidade leve ao desenvolvimento do senso crítico"; ou, simplesmente, enunciando o princípio: "A análise constante da realidade leva ao desenvolvimento do senso crítico".

Prefiro a primeira dessas formulações porque é mais impulsionadora da ação. Proponho a outra porque também pode ser escolhida e, sobretudo, para que se verifique a existência do princípio por trás da política. Há casos, talvez, em que haverá necessidade de expressar políticas que sejam apenas um desejo, sem um princípio que as fundamente, mas isso não tem força e deve ser evitado.

Um grupo (instituição) que adotasse tal política, estaria propondo que todas as ações que se realizassem naquela instituição, durante a duração daquele plano, deveriam estar, sempre que possível, sob a inspiração daquela política, isto é, relacionadas à análise da realidade e comprometidas com o desenvolvimento do espírito crítico.

As políticas brotam do marco referencial. São, no fundo, opções mais claras e mais bem expressas de pontos importantes, já constantes no marco referencial e que se verificou serem mais importantes para o período de duração do plano após a realização do diagnóstico.

Assim, as políticas têm a função de fazer com que tudo o que foi expresso no marco referencial e é mais necessário e de alguma forma possível para o período do plano — o diagnóstico é que esclarece isso — esteja sendo trabalhado, mesmo que não seja possível sob a forma de objetivos. A ideia é que todas as ações que se realizem em qualquer nível na instituição sejam orientadas pelas políticas escolhidas. Julgo que não poderei insistir suficientemente na forma das políticas para a transformação da realidade: elas representam todas as pessoas e todos os grupos na instituição realizando suas tarefas — os próprios objetivos dos planos — segundo orientações globais, escolhidas por todos, para o conjunto.

As estratégias completam o sentido das políticas. Elas são escolhidas, para cada política, em conformidade com o que o diagnóstico demonstrou ser possível e aconselhável.

As estratégias são modos concretos de realizar, naquela realidade particular, o princípio expresso pela política. Tomemos um exemplo, sempre lembrando que o conteúdo e o jeito da expressão são próprios de cada grupo que planeja: "Que a participação seja a alavanca para o desenvolvimento do senso crítico".

O número de estratégias para qualquer política pode ser grande ou pequeno: o que define isto será o encontro do marco operativo e do diagnóstico, que dirá, enfim, o que é necessário e o que é possível — trata-se de uma possibilidade mais ampla, não tão específica quanto a dos objetivos, já que as estratégias serão submetidas a outro exame de exequibilidade, uma vez que são sugestões para servir, na medida do possível, em planos de nível mais baixo.

Do plano de onde tirei esta política, constavam como estratégias:
— organizar equipes de reflexão;
— elaborar textos que levem à reflexão;
— realizar debates sobre o sistema educacional do Estado;
— elaborar objetivos junto com os alunos;
— incentivar grupos existentes;
— descentralizar as decisões.

Como se vê, as estratégias são sugestões de ações e de modos de ação propostos para níveis diversos, todos levando à realização do princípio de ação (política) escolhido. Assim, quando se fala em todas as pessoas e em todos os grupos de uma instituição buscando realizar algumas ideias (políticas), fala-se dessas mesmas pessoas e desses mesmos grupos vivendo atitudes (estratégias) que tornam reais estas ideias.

Tanto as políticas como as estratégias aproximam-se muito dos objetivos (políticas, dos gerais; estratégias, dos específicos). São diferentes por causa de sua formulação e porque os objetivos devem ser programados com a consideração de recursos, tempo, etapas e atividades, enquanto as políticas e estratégias ficam no campo da orientação.

Note-se que há preocupações dos componentes de um processo de planejamento que devem (por causa da realidade) ser transformadas em objetivos; outras, em políticas e estratégias. Algumas dessas preocupações devem transformar-se numa ou noutra destas categorias em função de sua natureza.

É conveniente que um plano concreto inclua objetivos e também políticas e estratégias com a finalidade de que as coisas que não conseguimos realizar plenamente já, agora, tenham orientação, isto é, um rumo, uma linha.

Enquanto os objetivos terão sua execução sob a responsabilidade direta das chefias da instituição — os dos planos globais, da coordenação superior ; os dos planos setoriais, da coordenação do respectivo setor —, as políticas e estratégias são da responsabilidade de cada grupo e de cada pessoa na instituição, as políticas servindo como direcionamento global da ação e as estratégias se transformando em objetivos nos planos dos grupos e das pessoas e, assim, realizando, mais plenamente, a respectiva política.

Instruções para a execução

Imaginemos que estejamos falando de um plano global de médio prazo de uma instituição, por exemplo uma escola.

Nele, após o Marco Referencial e o Diagnóstico, escrevemos a programação, com objetivos, políticas e estratégias.

Será necessário incluir, ainda, as "Instruções Gerais para a Execução". Serão indicações que orientem, mais do que isso, que forcem a execução.

Embora seu conteúdo deva atender inteiramente às necessidades do grupo, tais instruções conterão, principalmente:
— ordem e datas amplas de execução dos objetivos;
— responsáveis pelo desencadear e pela coordenação geral dos objetivos;
— possíveis orientações para os objetivos específicos;
— indicações sobre a vivência das políticas, incluindo prioridades;
— épocas e responsáveis pela coordenação dos planos de curto prazo e dos planos setoriais;
— frequência de reuniões que dizem respeito à execução do plano;
— indicações a respeito de recursos em geral e, em especial, os humanos e os econômico-financeiros;
— esclarecimento de relação entre objetivos e políticas.

PASSAGEM DO PLANO GLOBAL DE MÉDIO PRAZO AOS OUTROS PLANOS

Reúna o mais firme realismo à mais candente utopia.

Numa instituição que está num processo de planejamento ocorrem vários planos, de diversos níveis e de diferentes durações.

Insisto em que é mais importante o processo de planejamento do que os planos. Insisto, por outro lado, que os planos consolidam o processo de planejamento e dão aos que deles participam a oportunidade do esclarecimento e da precisão.

O plano central, do qual os outros dependem, é o que chamamos aqui de plano global de médio prazo. Ele é elaborado para ter vigência de três, quatro, cinco, seis anos, abrangendo toda a instituição em seus mais variados aspectos.

A partir desse plano, buscando especificar as propostas e aproximar sempre mais o pensamento da ação, serão elaborados planos, menos abrangentes, para orientar a ação:

a) de setores da instituição(planos de setores);
b) de períodos menores (planos de curto prazo).

Planos de setores

Os planos de setores se organizam para o mesmo período do plano global de médio prazo, especificando a temática para o setor (departamento, divisão...) respectivo. Terão a mesma estrutura: marco referencial, diagnóstico, programação.

Na maioria das vezes, o marco referencial, em seus aspectos situacional e doutrinal, permanece o mesmo. Quando muito terá certas especificações concernentes ao setor para o qual foi elaborado. No aspecto do marco operativo, o marco referencial sofre mais transformações porque o plano estará traçando linhas para uma organização e para um agir de conteúdos muito específicos (do setor).

O diagnóstico, com os temas tratados no marco operativo do plano do setor, será diferente do diagnóstico do plano global de médio prazo, embora, embora possa retomar e aprofundar pontos. Obviamente há necessidade de um conhecimento da realidade do setor para se chegar a um diagnóstico (que é um juízo). Nem sempre, contudo, a pesquisa a realizar para esse conhecimento deverá ser tão ampla quanto a que requer o plano global. As pessoas envolvidas conhecem mais a realidade porque ela é mais restrita e mais próxima.

A programação do plano do setor (acentuamos aqui os objetivos, já que as políticas são as mesmas, com acréscimos ou não) decorre do confronto entre o marco referencial e o diagnóstico (ambos do plano do setor). Certamente, serão coerentes com os da programação do plano global de médio prazo porque o ponto de partida para os dois casos é o mesmo. A presença desta coerência é, inclusive, um critério para se julgar a qualidade do processo de planejamento que se está vivendo. Com a continuidade do processo, é normal que a coerência vá crescendo. Se as políticas e as estratégias do plano global de médio prazo estiverem bem traçadas, os objetivos dos planos setoriais se ligarão a elas, sendo, muitas vezes, os "o quê" destes objetivos muito parecidos ou iguais às estratégias estabelecidas. Por outro lado, esses objetivos setoriais explicitam, às vezes, objetivos do plano global de médio prazo.

É útil observar que os objetivos do plano global de médio prazo indicam ações que a instituição vai realizar como um todo, e que eles são responsabilidade direta (de coordenação e de iniciativa) dos organismos centrais; além disso, os objetivos dos planos do setor indicam ações que aquele setor vai promover sob a responsabilidade de sua própria chefia. As políticas, por outro lado, comuns a todos os planos, devem direcionar a ação de toda a instituição, de todos os setores, de todas as pessoas.

Planos de curto prazo

Os plano de médio prazo são feitos para que a instituição alcance uma perspectiva mais ampla em sua ação, para que possa realizar ações mais profundas e mais vastas, para que possa incluir em sua ação os apelos que lhe chegam continuamente, sem, com isso, perder o rumo de sua determinação.

Os planos de curto prazo são necessários para tornar precisa a ação, para concretizá-la, para realizar, na ação do dia a dia, as ideias presentes na instituição.

Tanto com relação ao plano global como no que diz respeito aos planos setoriais, há necessidade de se chegar a planos de curto prazo, a partir dos respectivos planos de médio prazo.

O modelo é o mesmo: marco referencial, diagnóstico, programação. Elaborar um plano é, sempre, decidir sobre o que queremos alcançar e sobre como devemos agir para isso; verificar a que distância estamos do modo pelo qual devemos agir; determinar, concretamente, o que faremos no período do plano para diminuir a distância.

Antes de elaborar o plano de curto prazo, há necessidade de uma decisão: quais, dentre os objetivos do plano global de médio prazo, serão realizados em cada um dos anos de vigência deste plano, o que, geralmente, já vai constar nas "instruções para a execução", de que se falou antes.

Tal decisão, por outro lado, pode ter uma ou outra das seguintes orientações ou a combinação das duas:

a) realizar todos os objetivos durante todos os anos, buscando, ano a ano, níveis maiores de realização;

b) realizar completamente algum ou alguns dos objetivos em cada ano, buscando o nível máximo de realização dentro do ano.

A segunda hipótese é aconselhável quando há objetivo(s) que deve(m) ser alcançado(s) como um patamar para que outro(s) possa(m) ser tentado(s). Evidentemente às vezes, sobretudo quando o plano de médio prazo é de quatro ou mais anos, deve-se considerar a hipótese de pensar o curto prazo como sendo de dois anos e não de um.

Tomada a decisão sobre quais objetivos serão trabalhados no respectivo ano, é preciso verificar se há necessidade de complementação do marco referencial (doutrinal e operativo) e do diagnóstico, agora apenas a respeito do conteúdo do(s) objetivo(s) que será(ão) trabalhado(s) naquele ano. Muitas vezes, as ideias relacionadas àquele(s) objetivo(s) apresentam-se muito gerais no marco referencial (aspecto doutrinal e aspecto operativo sobretudo) e, em consequência, no diagnóstico. Então, será necessário concretizar um pouco mais, no marco referencial, as ideias que se relacionam com o conteúdo do(s) objetivo(s) escolhido(s) para o ano. Deve-se levar em conta as possibilidades existentes. Em geral, um grupo, assim que termina a elaboração de um plano global e de um plano setorial de médio prazo, não reúne condições de voltar às ideias do marco referencial. Mesmo porque se esgotam as reservas de tranquilidade e de conhecimento. Mas, a partir do segundo plano de curto prazo, as concretizações são valiosíssimas. Também o serão se o médio prazo tiver sua elaboração encerrada pelo menos uns quatro meses antes da escrita do plano de curto prazo. Contudo, o ser humano é sempre capaz de superar-se e, às vezes, um intervalo de uma semana é suficiente para que se possa retornar , com disposição, à tarefa de explicitação, que é mais difícil — porque nas generalidades todos concordamos mais — , mas muito enriquecedora.

Elaborado este marco referencial para curto prazo (mais restrito e mais explicitado — riqueza de esclarecimento que a instituição vai recolhendo), deve-se verificar se o diagnóstico não necessita do mesmo tratamento. Tudo vai se tornando mais claro: esse diagnóstico (para o qual valem as observações feitas acima) aborda pormenores da ação que vem sendo realizada pela instituição ou pelo setor.

Com explicitação ou não do marco referencial e do diagnóstico (deve ter ficado claro que o rigor técnico ou científico não nos devem transformar em inoportunos), é necessária a especificação do(s) objetivo(s) escolhido(s) para o plano de curto prazo.

Tais objetivos serão ações concretas que podem ser realizadas no período de validade do plano de curto prazo e que levem, no conjunto, à realização de cada objetivo de médio prazo(geral). Nesses objetivos (traçados com o "o quê" e com o "para quê") o "o quê" é aberto e livre, devendo ser decidido, e o "para quê" será o "o quê" do objetivo geral. Assim, várias ações concretas ("o quê") terão o mesmo fim ("para quê") que, por sua vez, se realizado, ajudará na consecução de um fim mais elevado. Sempre que possível (sem que isso constranja), essas ações concretas que são o "o quê" dos objetivos específicos devem ser retiradas das estratégias do plano de médio prazo, sendo exatamente iguais ou delas se aproximando. É óbvio que, quase sempre, nem todas as estratégias são utilizadas porque elas estão aí em abundância para servirem a qualquer plano dentro da instituição.

A indicação de prazos, de responsáveis e do espírito com que devem ser realizadas as ações concretas assume importância fundamental em planos de curto prazo.

A mesma importância deve ser atribuída ao estabelecimento de instrução para viver as rotinas. Tais rotinas, quando há um processo de planejamento, são iluminadas pelas políticas de ação. Pode haver, no plano de curto prazo, a escolha de alguma(s) política(s) para ser(em) vivida(s) com mais atenção naquele ano. Mas, além disso, o plano de curto prazo pode (seria utilíssimo que o fizesse) oferecer instruções mais precisas e mais concretas, sempre a partir das políticas, sobre o modo de viver cada uma das rotinas.

PROJETOS E ROTINAS

> *Gastaram trinta dias caçando rouxinóis para comer-lhes a língua. Foram muito festejados porque a caçada foi abundante e... morreram de fome.*

Foi a partir do campo econômico que o planejamento tomou força e se legitimou em outros setores de atividade humana.

Por isso, muitas vezes, elaboram-se planos com modelos retirados da economia, que nem sempre funcionam em outros setores. Lembremo-nos de que o planejamento não é uma ciência — que seria aplicável mais universalmente —, mas um conjunto de técnicas cujo suporte teórico está, principalmente, nas ciências que sustentam a atividade humana em que se situa o planejamento respectivo. Por isso, tudo o que diz respeito ao planejamento tem de se adaptar ao tipo de ação que o grupo que pretende planejar realiza.

Na indústria, por exemplo, a rotina perde em importância, no planejamento, para o projeto. A maior e mais significativa parte do que precisa ser planejado pode ser organizada por meio dos projetos. Em outros setores da atividade humana, a educação por exemplo, as rotinas absorvem o maior esforço das pessoas envolvidas. É claro que as rotinas tomam o maior tempo das pessoas em uma indústria. Ali, porém, as rotinas não necessitam mais do que ser executadas — automaticamente produzirão seus efeitos, sem que haja necessidade de nenhuma teoria para o trabalhador —, enquanto a educação e outros setores precisam ser constantemente inspirados por um fim, porque interferem com os destinos humanos mais diretamente.

Projeto é uma ação desencadeada dentro de um período de tempo determinado, geralmente para criar algo que não existia antes.

Rotina é um conjunto de ações que se repetem continuamente, cuja duração é indefinida dentro da instituição.

Num plano de escola, por exemplo, é um projeto a organização e a realização de um curso de aperfeiçoamento para professores. Rotina é, por exemplo, o conjunto de tarefas necessárias normalmente para que aconteçam as aulas.

O que quero ressaltar é que numa escola, por exemplo, são mais importantes as rotinas do que os projetos: em primeiro lugar porque é na sala de aula e em outras rotinas escolares que acontece verdadeiramente a educação e, depois, porque a maior parte do tempo é gasta, justamente, nestas rotinas.

Vi muitas escolas que realizavam extraordinárias ações educativas nas assim chamadas "atividades extraclasse", enquanto na maior parte do tempo faziam um trabalho completamente contrário, de modo algum educativo.

As rotinas

Por tudo isso, o que distingue o planejamento no campo social é a necessidade de dar espírito às rotinas, isto é, de realizá-las construindo uma ideia. É necessário, para que se fale em planejamento, que elas sejam realizadas com clareza, para algo definido, e não como ações formalizadas, sem finalidade e sem a compreensão do que se faz.

São as políticas e as estratégias, fixadas na programação, que mais esclarecem diretamente as rotinas, embora todo o processo de planejamento seja tão ou mais importante e, de qualquer modo, imprescindível. As políticas e as estratégias, escolhidas a partir do marco referencial e do diagnóstico, dão luz às rotinas e põem todos os setores e todas as pessoas ligados à instituição em que se planeja num esforço ordenado rumo a algo bem determinado.

É por isso que, na programação, há necessidade de estabelecer orientações sobre as rotinas, incluindo seu relacionamento com as políticas e com o marco referencial, a forma de realização das estratégias e outras especificações que forem úteis ao desenvolvimento das ações cotidianas da instituição.

Os projetos

O projeto é algo muito conhecido em planejamento. Faço apenas algumas observações, que me parecem importantes, sobre a forma de encarar esse tópico em um plano.

Primeiramente, nunca se pode ressaltar em demasia que o projeto visa a alcançar um objetivo específico (conforme caracterização no capítulo em que falei da programação) de um plano de curto prazo. Não tem sentido, assim, um projeto desligado de um plano mais amplo. A verdadeira mania de projetos que se abateu sobre a educação tem gerado ações esporádicas, até contraditórias entre si, porque é bonito administrar por projetos e não se tem o cuidado de realizar aqueles que brotassem de um plano global (que, a sério, não existe).

Como consequência, o projeto abrange uma ação bem limitada no espaço e no tempo. Os projetos que pretendem ser amplos, tomar o lugar de um plano global, perdem-se em palavras e não ajudam a realizar nada.

Daí a necessidade de ser o projeto algo muito simples, estando as considerações que o embasam já contidas no plano do qual brotou a decisão do projeto. Precisa ser tão claro e tão simples que qualquer pessoa possa coordenar sua execução, mesmo que não seja da instituição em que acontecerá o projeto. Essa clareza e essa simplicidade não serão carência teórica dos que elaboram os projetos, mas demonstração de que eles estão esclarecendo e dando precisão maior à sua ação. O projeto é a máxima aproximação — junto com a orientação da rotina — entre a elaboração (pensar) e a execução (agir): constam nele apenas as especificações para a ação, uma vez que a teoria e a doutrina que o embasam já estavam presentes.

Com base nessa simplicidade, além de alguma instrução suplementar eventualmente necessária, as partes de um projeto são, essencialmente:
a) objetivo, com os "o quê" e "para quê" (tomados do plano) muitas vezes aparecendo sob os títulos de objetivo e de finalidade;
b) justificativa (breve), se parecer necessário;
c) localização, dizendo onde serão desdobradas as atividades do projeto;
d) cronograma, dizendo quando acontecerá cada atividade;
e) metodologia, descrição circunstanciada das atividades, incluindo todas as orientações necessárias para que o projeto aconteça no espírito que o gerou;
f) recursos humanos, indicação de pessoas com a respectiva habilitação que serão necessárias na execução do projeto;
g) recursos físicos e financeiros, dizendo o que será gasto e de onde sairão os recursos;

h) critérios de eficiência, em que se descreva o resultado que seria aceitável como consequência da execução do projeto.

Obviamente, mais itens podem ser acrescentados, se necessário, e a ordem pode ser alterada segundo as conveniências. É útil apresentá-lo sob a forma de um quadro, se isto, para o grupo, for útil a fim de tornar a compreensão mais clara, o que é sempre fundamental, e mais ainda num projeto.

Segunda parte

> Planejar não é fazer alguma coisa antes de agir.
> Planejar é agir de determinado modo para determinado fim.

PLANOS E PROCESSO DE PLANEJAMENTO

A elaboração de planos é muito importante num processo de planejamento. Convém repetir contudo: mais importante que o(s) plano(s) é o processo que se desencadeia. (Hoje fala-se, inclusive, em planejamento sem plano(s), o que é muito bonito e até funciona para quem domina muito bem a teoria do planejamento adquirida na prática. Mas, para introduzir-se um processo, tanto mais quanto maior for a ınstituição, a elaboração de planos é quase imprescindível.)

De fato, planos são escritos para tornar mais eficiente e mais eficaz nossa ação e, sobretudo, para dar consistência a um processo de planejamento, alcançando, como resultado adicional (não de menor importância), ser processo educativo.

Fazer plano(s) sem um processo de planejamento é tecer uma rede em que só há os nós e nada que os ligue entre si. Ter um processo de planejamento sem plano(s) é correr risco de que a rede se desmanche por falta de pontos de ligação dos fios.

Contudo, nem todas as metodologias de elaboração de planos são organizadoras de um processo de planejamento. Com muitas metodologias, mesmo que se queira ter um processo, fica-se num suceder de planos desligados entre si. Por isso é que apresento algumas sugestões de como realizar planos salvando o que é mais fundamental, o processo.

PRINCIPAIS CUIDADOS
NA ELABORAÇÃO DE PLANOS

O planejamento é uma tarefa que anda por uma estreita via entre dois desfiladeiros: a estrada é firme desde que se tomem os cuidados necessários para não cair em nenhum deles.

A tendência, no planejamento, é a normatividade e, mesmo, uma visão imperativa; por isso a imposição pode instalar-se com facilidade e produzir a manipulação: é um dos precipícios.

Por outro lado, o desejo de fugir disto pode levar ao outro desfiladeiro: permitir a desorganização que nega o próprio planejamento.

O caminho estreito é a coordenação bem direcionada que reúne, incentiva, organiza propostas claras e questiona o pensamento do grupo.

Para essa coordenação é essencial uma pequena equipe. Essa pequena equipe — não de planejadores, mas de coordenadores — terá como funções:

a) conhecer a teoria de planejamento;
b) ter claro um modelo de plano e um modelo de metodologia de planejamento;
c) ser capaz de:
   explicar estes modelos;
   não tomar posições que inibam os participantes;
   sentir o momento de propor cada etapa ou cada atividade do processo;
d) redigir, em última forma, sempre respeitando o pensamento do grupo.

Esta equipe deve fazer deslanchar o processo de planejamento — parece que esta é uma interferência ética e cientificamente aceitável no grupo, inclusive com o aval da "autoridade", tendo em vista que não visa à manipulação e busca sair do espontaneísmo de deixar as coisas ficarem como estão.

Reuniões novas podem ser criadas para isso. Mais importante, porém, é utilizar as reuniões já estabelecidas como ocasiões para serem o suporte de tempo necessário à implantação de um processo de planejamento.

O fundamento e o resumo de tudo, como se depreende de cada página deste livro, é colocarem-se as pessoas como grupo a decidir seus rumos, sob uma coordenação, num processo em que cada estágio que se alcance seja assumido como algo que mereça o esforço de todos e, ao mesmo tempo, seja considerado provisório, devendo, por isso mesmo, ser ultrapassado por estágios superiores.

A BUSCA DO MOMENTO OPORTUNO

Quando, numa instituição, se decide implantar o processo de planejamento descrito neste livro, surge o problema do momento próprio para o deslanchar das atividades.

Será oportuno que a equipe diretiva da instituição, tendo constituído a equipe caracterizada no capítulo anterior, deixe bem clara a proposta de implantar um processo cooperativo de planejamento.

Três variáveis devem ser observadas no que se refere às características do grupo principal da instituição (no caso de escola, o corpo docente e o corpo administrativo):

a) motivação para a mudança;
b) capacitação para o planejamento, incluindo conhecimento dos esquemas mais amplos da metodologia de implantação de um processo e, sobretudo, domínio dos pontos básicos do modelo de plano adotado;
c) competência profissional.

Não se trata de estabelecer com extremo rigor o nível de presença das qualidades que estas variáveis supõem. Trata-se antes de ter uma visão ampla sobre as características globais do grupo para decidir os primeiros passos de ação.

Nunca é demais insistir que não se vai começar algo a partir de um zero: a história, a "filosofia", mesmo implícita, e as características atuais da ação do grupo são, sempre, o ponto de partida. Também vale lembrar que, individualmente, as pessoas do grupo estarão em situações diferentes, o que, a par dos problemas que causa, traz reais enriquecimentos do todo.

Deve-se encaminhar o processo conforme a situação do grupo. Num extremo, haverá necessidade de preparação do grupo nos três pontos (variáveis) apontados acima, desde aspectos introdutórios, por meio de cursos, treinamentos, palestras... No outro extremo, trata-se simplesmente de coordenar o grupo em suas definições.

Em geral, o necessário é descobrir em que aspecto o grupo está forte, fazer disso a base do trabalho e proporcionar aperfeiçoamento nos outros aspectos.

Não se pense que há necessidade de que todos os membros de um grupo tenham condições pelo menos razoáveis: os estudos citados por Everest Reimer (*A escola está morta*) dão conta de que seriam suficientes 30% de pessoas realmente capazes para transformar uma realidade.

De resto, o próprio desenvolver-se do processo é o melhor método para o crescimento contínuo do grupo como um todo e de cada um de seus membros em particular.

MODELO DE PLANO
E DE RELACIONAMENTO ENTRE PLANOS

É imprescindível que em toda a instituição exista, bem claro, um modelo de plano. Sugeri um modelo na primeira parte deste livro. Tenho-o empregado com bons resultados em várias circunstâncias e vi instituições aumentarem sua capacidade de esclarecer sua ação com tal modelo.

Mas o que importa mesmo é que cada instituição vá firmando seu modelo — a importância da equipe coordenadora é fundamental aqui. Vai acontecer, por exemplo, de o modelo modificar-se conforme o caminho que o grupo for trilhando. É evidente que há coisas essenciais que devem existir em cada modelo para que se possa falar em planejamento, mas existe a possibilidade real de a instituição, sobretudo por meio de sua equipe coordenadora de planejamento, ir organizando seu próprio modelo, aquele que responde de modo mais completo às suas necessidades e às das pessoas que nela realizam o processo.

Quando falo em modelo estou pensando, também, no esclarecimento que é necessário aumentar no que se refere ao relacionamento entre diversos planos. O essencial para estabelecer um modelo nesse sentido, tratei-o no capítulo respectivo da primeira parte.

É um ideal a ser perseguido: ter clareza cada vez maior a respeito de cada plano em particular e da relação que eles devem guardar entre si. Há aqui um indispensável serviço que, por ser essencialmente técnico, pode não ser inteiramente estimulado, mas que deve ser prestado pelos que têm "autoridade".

Não é função de todos, mas da equipe coordenadora, estar sempre a par do "conteúdo" dos planos e do processo de planejamento como um todo, que deve sempre ter a visão global do "administrativo" no planejamento.

EXPERIÊNCIA DE APLICAÇÃO I

Tive sucesso em ajudar as pessoas a se organizarem e a decidirem com mais clareza, consciência e coerência a direção de seu agir quando lhes ofereci técnicas que incentivaram a participação.

Apresento aqui algumas sugestões. Outras técnicas podem ser usadas. Os exemplos que dou são para ajudar a firmar as linhas gerais que estão presentes neste tipo de metodologia. As técnicas podem variar bastante: o que é preciso salvar é a participação.

Pediu-me uma escola a assessoria para desencadear um processo de planejamento.

Era uma escola pequena, com apenas 32 professores, aos quais se juntaram a diretora, o secretário e o coordenador pedagógico, que também lecionava.

Decidimos, segundo as possibilidades existentes, que teríamos dois dias para a elaboração do marco referencial, dois para o diagnóstico e um e meio para a programação.

Como se vê, a proposta foi elaborarmos um plano global de médio prazo para a escola em questão, como forma de desencadear um processo de planejamento. Levamos em conta que um plano global de médio prazo:
   a) põe o grupo em ação de planejar, capacitando-o progressivamente para a tarefa;
   b) estabelece a existência das etapas de elaboração, de execução e de avaliação;
   c) cria necessidade de planos inferiores.

Reuniram-se os professores no final das férias, dispostos a permanecer reunidos durante uma semana, das 8 às 12 horas, das 14 às 18 horas e das 20 às 22 horas. (Em outras oportunidades, não podendo os professores reunir-se da forma indicada, utilizei vários outros esquemas, com reuniões de manhãs inteiras durante o ano, de dias e até de algumas horas.)

Alguns cuidados foram sempre tomados:
a) não decidir nada nem avaliar textos em plenário, mas sempre em grupos de 5 a 7 pessoas, com esquemas para ir reunindo os resultados dos grupos;
b) não realizar trabalhos de grupo sem realizar antes trabalhos individuais;
c) organizar sempre equipes de redação para liberar os grupos dos detalhes redacionais e permitir, assim, que se esmerasse na clareza e na adequação das ideias;
d) dar ao plenário as funções de:
— esclarecer os textos intermediários para que pudessem, depois, ser avaliados nos grupos e reorganizados;
— restabelecer, sempre, a visão global do que estava acontecendo (reenfocar o grupo, quando necessário);
— servirem os grupos de inspiração uns aos outros quando relatavam seus trabalhos;
— estabelecer critérios de avaliação do que se ia produzindo;
e) decidir sempre, antes de cada tarefa, o tempo que se dedicaria a ela; sobre esse tempo, convém ressaltar que:
— não se deve querer algo perfeito de uma só vez: a forma correta é retornar várias vezes à mesma tarefa, introduzindo sempre novas melhorias em novas versões; por isso o tempo para cada atividade pode ser menor;
— o tempo deve ser decidido pelo grupo de participantes com os esclarecimentos da equipe coordenadora, que tem um programa global aproximado de distribuição cronológica;
— o tempo estabelecido para cada tarefa deve ser escrupulosamente mantido para o bom andamento do todo;
f) quando se chegava a um resultado, mesmo que intermediário, ele era apresentado de forma que todos os participantes podiam acompanhar sua leitura, fosse em quadro-negro ou em cartazes, quando a extensão era pequena, fosse em papéis mimeografados quando a extensão do texto o pedia (o simples ouvir o texto, sem que todos possam acompanhá-lo, de nada serve para o progresso dos trabalhos).

Para o plano, seguimos o modelo incluído na primeira parte, donde surgiram três etapas para o trabalho.

Primeira etapa — Elaboração de um marco referencial
De início, explicitei o que é um marco referencial, distinguindo suas três partes.

Depois, foi estabelecido o objetivo desta primeira etapa: definir a identidade da escola, por meio de um marco referencial.

A partir daí, desencadeou-se um processo participativo de elaboração que passo a descrever.

A. Distribuíram-se aos participantes pequenas fichas (1/8 de folha ofício). Nelas os participantes escreveram temas que deveriam constar no marco referencial. (Trabalho individual, com utilização de toda a bibliografia possível, escrevendo-se em cada ficha um só tema, anotando, cada vez, se se tratava de tema para marco situacional, para marco doutrinal ou para marco operativo.)

A ideia era recolher aqueles temas que mais preocupavam os participantes. É importante ressaltar que todos preencheram as fichas individualmente ou, no máximo, de dois em dois, utilizando seu conhecimento e também a bibliografia que cada um julgava importante e outra que foi posta à disposição do grupo pela coordenação. O critério básico nesta atividade foi a abundância: era o momento de reunir o maior número de temas que parecessem válidos para estabelecer a identidade da escola. Por isso, sempre que houve dúvida sobre a utilidade de qualquer tema, os participantes a manifestaram. Depois se faria a seleção.

Tempo: 30 minutos

B. Reuniram-se os participantes em 6 grupos, distribuídos por acaso. Os grupos 1 e 2 receberam as fichas identificadas com MS, metade para cada grupo; os grupos 3 e 4, as fichas com MD e os grupos 5 e 6, as fichas com MO.

A tarefa, para cada grupo, consistia em, utilizando os temas propostos, reuni-los de forma coerente, tentando elaborar um esquema (um índice) para o futuro MS, MD ou MO. Durante o rápido plenário em que se organizaram os grupos e se esclareceu a tarefa, foram fixados critérios de seleção e de organização dos temas (indicados e aceitos pelo grupo):
— que fossem claros;
— que fossem abrangentes, mas concretos;

— que sugerissem inovação;
— que tivessem embasamento teórico;
— que, no conjunto, tivessem sequência;
— que, no conjunto, fossem coerentes entre si.

C. Em plenário, foram apresentados os seis conjuntos de temas (quase esquemas) que tinham sido escritos em grandes pedaços de papel de embrulho: cada grupo explicou como trabalhara, que dificuldades encontrou; em seguida, leu o resultado a que chegara e respondeu às eventuais perguntas que incidiam (não podiam ser feitas avaliações) sobre o significando exato das expressões.

D. Novamente em grupos (os mesmos), fez-se a avaliação (não a modificação) dos "quase-esquemas" expostos. Os grupos 1 e 2 avaliaram o trabalho dos grupos 3, 4, 5 e 6; os grupos 3 e 4, dos grupos 1, 2, 5 e 6; os grupos 5 e 6, dos grupos 1, 2, 3, e 4. A tarefa consistia em dizer-se o que estava bom e o que estava mal, segundo os mesmos critérios estabelecidos antes. Acrescentou-se um critério: que os temas tivessem coerência no todo, incluindo os três aspectos do marco referencial (MS, MD, MO). Os participantes foram alertados de que mais importava o mérito em grandes linhas do que os detalhes. Todos deveriam buscar que suas observações gerassem futuras mudanças no esquema para que o marco referencial viesse a ter condições de funcionalidade real. Foi pedido a cada grupo que fizesse duas cópias de suas observações.

Tempo: 35 minutos

E. Em plenário, foram lidas as observações sobre cada esquema, tentando sempre que todo o grupo tivesse presente que se estava escrevendo um marco referencial para a escola.

F. Reunindo, novamente, os mesmos grupos, foi feita uma nova versão dos esquemas: grupos 1 e 2, do marco situacional; 3 e 4, do marco doutrinal; 5 e 6, do marco operativo. Cada grupo recebeu cópia das observações dos grupos sobre seu primeiro trabalho. Deveria ser aproveitado tudo que até aí surgira: cada grupo que fizesse uma matriz do resultado de seu trabalho. As matrizes foram rodadas à medida que os grupos concluíam e durante o intervalo que estava previsto.

Tempo: 60 minutos

G. Em plenário, cada grupo explicou como realizara seu trabalho e que dificuldades teve, sendo lido cada esquema e respondidas as perguntas que incidissem sobre como se deveria entender cada aspecto apresentado. Antes de iniciar a exposição dos grupos, tinham sido escolhidas três pessoas, uma dos grupos 1 e 2, uma dos grupos 3 e 4 e uma dos grupos 5 3 6, para, após o plenário, cuidarem dos detalhes de redação e de apresentação, reunindo num só esquema as três partes. Esta comissão tinha apenas a função de redação, devendo conservar as mesmas ideias, podendo reorganizá-las em pequena escala se necessário.

H. Enquanto a equipe de redação fez a redação final do esquema, prosseguiram os trabalhos. Tomando os esquemas provisórios (mimeografados), cada participante elaborou perguntas sobre os temas lá colocados cuja resposta constituísse matéria para o marco referencial. As perguntas foram colocadas em fichas, ainda identificadas com MS, MD, MO.

Tempo: 20 minutos

I. escolhidos novos grupos, sempre ao acaso, foi repetido aproximadamente o que se fez em B, englobando o que se fez em F, com critérios aproximados àqueles. A ideia era relacionar um grupo de perguntas e colocá-las em ordem. O resultado foi apresentado em folhas grandes de papel de embrulho, numeradas as perguntas de forma bem clara.

Tempo: 45 minutos

J. Individualmente, os participantes responderam às perguntas. Em fichas de meia página identificadas com o número da pergunta. Foram fixados critérios para responder às questões, quanto à qualidade das respostas:
— que respondessem ao essencial da questão;
— que fossem claras e precisas;
— que fossem concretas, ainda que abrangentes;
— que se situassem no aspecto situacional, doutrinal ou operativo do marco referencial;
— que fossem sintéticas;
— que impulsionassem à ação.

Observações:
É tedioso repetir todo o trabalho feito.

De posse das respostas, deu-se sequência, com mais profundidade e mais tempo em cada etapa, à elaboração do marco referencial, seguindo sempre os cuidados gerais.

Pode-se, é claro, começar logo com as perguntas, omitindo a preparação do esquema. Ou omitir as perguntas e, uma vez o esquema pronto, pedir a todos que ponham nas fichas matéria para a elaboração do marco referencial. Ou começar logo com as ideias. Se a escola tem "filosofia" ou "diretrizes", pode-se pôr isso como início.

É preciso questionar sempre.

Pode-se, também, preparar primeiro o marco situacional, depois o marco doutrinal, e então o marco operativo.

As técnicas podem variar. Por exemplo: grupos sucessivos, cochicho etc. ...

Pode-se conseguir especialistas nos assuntos envolvidos e oferecer palestras aos participantes.

O importante é privilegiar a participação e buscar que os resultados a que se chegar sejam sempre mais o pensamento do grupo como um todo.

Os mesmos procedimentos podem ser seguidos para o diagnóstico e para a programação. Algumas especificações para um e para outra podem ser aproveitadas do que se diz no capítulo seguinte.

EXPERIÊNCIA DE APLICAÇÃO II

Há sempre alguns princípios a ser seguidos na realização de um processo de planejamento, o que se corporifica pela adoção de algumas atitudes básicas em toda a ação.

Realidades diferentes sugerem, contudo, tarefas diferentes e, muitas vezes, relacionamento diferentes entre as atividades, sempre ressalvados aqueles princípios e aquelas atitudes.

Uma das escolas que me pediu assessoria era composta de 130 professores, além do pessoal da direção. Não é conveniente reunir, para o trabalho do tipo que descrevi no capítulo anterior, mais do que 45 pessoas. Cheguei mesmo à conclusão de que o número realmente bom para isso é 36 pessoas, fora o coordenador e eventuais assessores (já trabalhei com o dobro e com o triplo deste número, mas o aprofundamento não pode ser o mesmo).

Era necessário imaginar outro tipo de trabalho.

1. Decidida a implantação do processo de planejamento, realizaram-se, para todos os professores, para o pessoal administrativo, para os representantes de alunos e de pais, algumas palestras motivadoras e esclarecedoras sobre o processo. Foram quatro noites com os seguintes temas: A Realidade Global e Educacional do Brasil; A Educação Libertadora; A Ação Transformadora; O Processo de Planejamento.

2. Foram escolhidos 25 representantes dos professores (coordenadores e alguns eleitos pelos colegas), um representante do pessoal administrativo, dois representantes dos pais e dois dos alunos. O grupo foi completado com o pessoal da direção, chegando ao total de 36 pessoas.

Desse grupo foram designadas três pessoas para constituir a equipe de coordenação (pessoas com algumas disponibilidade maior de tempo e pertencentes à direção).

3. A proposta era: durante o ano, preparar um plano global de médio prazo para a escola (para os três anos seguintes ao daquele que se estava vivendo), tendo por base o grupo indicado acima e com o trabalho de todo o pessoal ligado à escola.

4. Foi reunido, ainda em março, o grupo de 36 pessoas para o trabalho de um dia. Foram discutidos o modelo de plano e a metodologia global do processo. Depois foram estabelecidos os passos que seriam seguidos no caso concreto: elaboração do marco referencial, realização do diagnóstico, estabelecimento de programação.

5. A primeira atividade do primeiro passo foi realizada ainda no mesmo dia da reunião indicada em 4. Foi a preparação de um conjunto de questões que, uma vez respondidas, dariam matéria para construir o marco referencial. Dada a brevidade de tempo, as questões ficaram apenas esboçadas. Coube à equipe de coordenação aprimorá-las e até completá-las em alguns casos. Para isso, tinha a expressa anuência do grupo representativo.

6. As questões foram encaminhadas a todos os professores, a todos do corpo administrativo, ao grêmio de alunos e ao círculo de pais e mestres. Foi pedido a todos que respondessem às questões até o dia 15 de maio (teriam uns 40 dias). Aos professores se pediu resposta individual; ao pessoal administrativo foi proporcionada uma tarde de estudo, junto com a equipe coordenadora, em que as pessoas responderam de duas em duas, depois reuniram as respostas em grupos de oito; aos alunos e aos pais se pediu uma resposta por intermédio do grêmio de alunos e do círculo de pais e mestres, sem nada mais indicar.

7. As principais questões foram as transcritas a seguir.

A. Que fenômenos caracterizam, hoje, a realidade mundial, latino-americana e brasileira?

Que valores predominam na sociedade atual?

Que função a escola está exercendo na sociedade?

Quais as causas dos fenômenos que você citou acima?

B. O que significa ser homem novo nos seguintes aspectos: crítico, solidário, em libertação, participativo, justo, construtor da história? (Caracterize cada aspecto e acrescente outros.)

O que significa uma sociedade nova nos seguintes aspectos: participativa, fraterna, livre, que valorize o ser e não o ter? (Comente cada aspecto e acrescente outros.)
C. Como é uma escola em que o aluno é sujeito do seu próprio desenvolvimento?
Como se caracteriza a comunidade educativa?
Qual é a função do professor numa escola que trabalha a educação libertadora?
Qual é a importância da participação? De que participação?
Caracterize o diálogo numa metodologia libertadora.

8. Para melhor desenvolvimento da tarefa seguinte, a equipe de coordenação fez com que, nas reuniões comuns de áreas e de graus, os professores reunissem (não resumissem) suas respostas individuais, de modo que, de todos os professores, havia ao final 8 respostas.

9. Recebidas as respostas (doze conjuntos, oito dos professores, dois dos funcionários, um dos alunos e um dos pais), foram elas mimeografadas em um número suficiente para todo o grupo representativo.

10. Foi, a seguir, levada a efeito uma reunião de um dia e meio com o grupo representativo. O objetivo era, a partir do material ensejado pelas respostas às questões acima, organizar uma primeira versão do marco referencial do plano.

10.1. Separados em seis grupos, os participantes reuniram o material dos 12 conjuntos de respostas, os grupos A e B no que se referia ao marco situacional; os grupos C e D, marco doutrinal; os grupos E e F, marco operativo.

10.2. Feitas cópias do resultados, cada grupo apresentou, em plenário, o modo de trabalho, as dificuldades e o resultado a que chegou. Não houve discussão em plenário.

10.3. No mesmo plenário firmaram-se critérios para a avaliação desses resultados. Os critérios são, aproximadamente, os que figuram no capítulo anterior (*Primeira etapa*, letra B).

10.4. Cada subgrupo (os mesmos) avaliou todo o material dos seis grupos, utilizando os critérios e preocupando-se basicamente com a seguinte pergunta: O material é suficiente, necessário e adequado para ser o marco referencial de nossa escola? Foi bastante demorada esta avaliação (tempo estabelecido antes de iniciar a tarefa). O principal alerta era para que os participantes se preocupassem com as ideias, não com detalhes de redação ou com formalidades, relativizando-se a preocupação de colocar cada ideia no seu "quadrinho" predeterminado. Buscava-se um texto forte, eficaz, não um texto "bonitinho". Todos anotaram as principais observações em que houve concordância.

10.5. O plenário foi breve. Pediu-se a cada grupo que não se detivesse em "miudezas" e desse uma visão ampla e global sobre seu julgamento dos textos.

10.6. Reiterada a necessidade de observar critérios na elaboração, os subgrupos foram reorganizados. Essa reorganização foi algo complicado: havia boas condições para isso. Mas é evidente que isso pode ser feito mais simplesmente.

Foi dado a cada participante, de cada subgrupo, um número de 1 a 6. Organizaram-se, depois, os novos grupos da seguinte forma: Os números 1, 2, 3 dos grupos E e F: MO; todos os números 4: MS; todos os números 5: MD; todos os números 6: MO. Tínhamos, assim, novamente seis subgrupos, cuja tarefa foi reescrever o marco referencial (dois grupos, o MS; dois grupos, o MD; dois grupos, o MO).

O resultado foi recolhido e a comissão coordenadora, que pediu ajuda a um membro de cada subgrupo, fez uma redação única, nada acrescentando, tirando ou modificando, mas apenas dando forma e reunindo, já que havia duas redações para cada parte do marco referencial.

11. Terminada esta etapa, a equipe coordenadora encaminhou a todos (professores, pessoal administrativo, CPM e grêmios de alunos) cópias do marco referencial, com uma introdução que explicava seu sentido no plano e que pedia pronunciamento no prazo de um mês sobre o conteúdo do documento. Nesta introdução, orientavam-se os grupos (séries, níveis de ensino etc.) para que dessem seu pronunciamento conjunto.

12. Enquanto se esperavam as respostas, a equipe de coordenação, com a ajuda de um estudioso da pesquisa, preparou questionários e roteiros de entrevistas a serem aplicados, por amostra, a pais e alunos, e no universo dos professores e pessoal administrativo. Tinha-se em mente uma pesquisa avaliativa (ver capítulo "O diagnóstico", da Primeira parte) para verificar:
   a) até que ponto a escola contribuía para a existência do tipo de homem e do tipo de sociedade propostos no marco referencial;
   b) a que distância estava a escola do ideal que se propusera no marco operativo.

13. Recebidos os pronunciamentos sobre o marco referencial, foram revistas todas as questões para a pesquisa que foi, em seguida, realizada.

14. Os dados recolhidos foram tabulados e os pronunciamentos sobre o marco referencial, reunidos.

15. Ao reunir-se novamente (2 dias), o grupo dos 36 dedicou pequena parte do tempo a consolidar o marco referencial e a maioria na preparação de um diagnóstico, a partir dos dados recolhidos.

16. Trabalhando em dinâmica parecida com a indicada sob o item 10 deste capítulo, o grupo realizou a leitura dos dados, o pré-diagnóstico global (ver capítulo correspondente na Primeira parte).

17. Encaminhando o marco referencial reformulado e o diagnóstico aos professores, ao pessoal administrativo, aos alunos e aos pais, a equipe coordenadora orientou a todos para que, em seus grupos, propusessem objetivos e políticas com suas estratégias (ver capítulo correspondente na Primeira parte).

18. Em nova reunião (um dia e meio), o grupo representativo — os 36 de que falei antes — chegou à programação, sempre trabalhando de modo parecido com o apresentado no item 10 deste capítulo.

19. O plano completo foi encaminhado a todos para que se pronunciassem novamente sobre o todo.

20. Em novembro, em reunião final, o grupo representativo chegou ao texto final para os três anos seguintes, sempre utilizando as observações que os participantes tinham encaminhado. Nesta mesma reunião, foi aprovada a orientação geral para os planos setoriais e para os planos de curto prazo (ver capítulo correspondente da Primeira parte).

EXEMPLO DE PLANO

Transcrevo excertos de um plano com a finalidade de, entre outras coisas:
a) permitir o estudo de sua estrutura global;
b) ressaltar a importância das ideias globalizantes e das opções;
c) fazer notar a coerência entre suas partes.

Trata-se de um plano global de médio prazo (3 anos) que foi completado por planos globais de curto prazo, ano a ano, e por planos setoriais.

I. MARCO REFERENCIAL

1. Marco situacional

Somos um grupo que trabalha numa escola, no Brasil, dentro de um contexto latino-americano do último quarto do século XX.

A sociedade se apresenta em luta. (...)

O mundo está dividido, não permitindo a todas as pessoas a participação nem nos bens materiais nem nos bens espirituais, muito menos na possibilidade de construir juntos um mundo bom para todos.

Há uma crescente distinção entre os que podem e os que não podem, os que agem e os que reagem, os que sabem e os que não sabem, os que têm e os que não têm. (...)

(...)

Esta situação tem suas causas no egoísmo e na incompetência dos que dominam e na falta de clareza e de capacitação dos que sofrem carências importantes para sua formação e para seu crescimento.

(...)

Há uma crença generalizada de que as estruturas sociais existentes são inamovíveis e, mesmo que se compreenda a irracionalidade de algumas, não se julga que seja digno lutar contra elas (...). Geralmente, há o medo de que transformações tragam prejuízos maiores.

2. Marco doutrinal

Entendemos o homem como um ser de relações.
A partir daí pretendemos contribuir para que nos aproximemos todos de uma sociedade marcada por esta caracterização do ser humano. (...)
Uma sociedade em que todas as pessoas participem de grupo(s), não simplesmente escolhendo seus governantes, mas tomando em conjunto todas as suas decisões e, mais do que isso, construindo juntas, rumo a objetivos previamente traçados também conjuntamente, uma sociedade mais humana.
Pretendemos contribuir para uma sociedade em que se ultrapassem as situações baseadas no esquema deveres/direitos para se alcançar um relacionamento humano e uma reestruturação social firmados em sistema parecido com o das bem-aventuranças propostas por Jesus Cristo no Evangelho.

(...)

Isso muda os esquemas de governo, de chefias. Propõe uma coordenação que brote dos grupos básicos (naturais) e que, por meio da representatividade, chegue a uma coordenação global.
O homem, nessa sociedade (para contribuir para que os seres humanos se aproximem desse ideal é que pretendemos trabalhar), deve ter, em primeiro lugar, um compromisso de esperança com seu semelhante, uma crença de que as pessoas são capazes e podem ser honestas e competentes.
Além disso, o homem deve ser consciente como pessoa, lutando sempre, por si e em conjunto, pela verdade.

(...)

As situações de conflito que existem e perdurarão na caminhada humana têm de ser resolvidas a partir de um posicionamento básico de busca em conjunto da verdade, com esquemas de julgamento superiores em casos de impossibilidade de solução nos níveis mais baixos de agrupamento e de representatividade.
(...)

3. Marco operativo

Queremos realizar uma escola que seja adequada para contribuir na direção daquele homem e daquela sociedade expressos antes. (...)
Por isso optamos por uma educação libertadora que entendemos como:
a) a que possibilita à pessoa, especialmente ao educando, ser sujeito de seu desenvolvimento;
b) a que propõe uma transformação social, investindo, por isso, num posicionamento socioeconômico-político e no conhecimento adequado da realidade.
(...)
Pensamos que nossa educação deve voltar-se para as seguintes funções:
a) formação, como busca e realização da identidade desejada (das pessoas e dos grupos);
b) desenvolvimento de ciência para a exata compreensão da realidade;
c) domínio da técnica como meio de transformar a realidade para o bem-estar de todos.
(...)
A escola pela qual lutamos é uma escola aberta e democrática, entendida democracia como o relacionamento em que se sublinha a igualdade das pessoas, antes de considerar suas diferenças. Uma escola em que a participação ultrapasse os níveis de colaboração, de decisão e atinja o nível de construção em conjunto, em que o grupo se organize para alcançar fins estabelecidos em conjunto.
(...)
Será uma escola que relativiza o diploma, um grupo que pensa, concretamente, na abolição de todos os diplomas (...)

(...) que se propõe métodos ativos (...)
(...) que utiliza os meios necessários ao desenvolvimento do espírito crítico (...)
(...) cujo único critério seja o da moralidade desses meios, significando que sejam eles mesmos libertadores, isto é, levem a um posicionamento pessoal dentro de um grupo, respeitando, basicamente e em tudo, o ser humano, segundo os parâmetros indicados no marco doutrinal.

(...)

II. DIAGNÓSTICO

Introdução

Em nosso marco referencial insistimos nos aspectos qualitativos. Do ponto de vista quantitativo, nossa escola aí está, tem condições de continuidade, está inserida numa zona de classe média. (...)

Nossos alunos pagam anuidade em sua maioria. Poucos têm bolsas de estudos (...)

As famílias compõem-se de profissionais liberais, pequenos comerciantes e industriais (...)

Em relação ao marco doutrinal

Não somos uma escola que contribua de modo importante para a existência do tipo de homem e do tipo de sociedade que julgamos desejáveis. (...)

A. Os professores não são um grupo coeso em torno daquelas ideias. Todos desejam compor-se um futuro desejável em relação à sociedade e ao homem para dar sentido ao seu trabalho escolar, mas muitos hesitam em organizar um conjunto de ideias claro. Isso se deve, principalmente, à dificuldade de uma visão global da realidade existente e das teorias sobre o homem e sobre a sociedade.

(...)

B. Os alunos e suas famílias respondem bem a uma proposta educacional relacionada com os problemas mais fundamentais da humanidade. (...) Há esperança e crescimento por parte dos alunos e algumas preocupações por parte dos pais.

Em relação ao marco operativo

A educação libertadora é um esforço em realização em nossa escola. A grande maioria dos professores compreende a sua orientação básica, expressa em nosso marco operativo. Um bom grupo já faz aplicação em termos dos elementos básicos do currículo (objetivos, metodologia, relacionamento, conteúdo, avaliação). Outros não conseguem, por falta de convencimento e/ou por dificuldades de descoberta de estratégias para a tarefa.

(...)

Há, assim, altos e baixos que não estão, parece, prejudicando o trabalho porque há um posicionamento fundamental de se pôr nesse caminho e de buscar assim realizações maiores.

A realização democrática é significativa: direção, serviços, professores, pessoal administrativo e alunos estão aceitando a igualdade básica, respeitada a coordenação e a representatividade.

(...)

Há falhas claras na utilização de métodos ativos e no desenvolvimento do espírito crítico: não há suficiente capacitação entre os professores para a operacionalização nesses campos, embora em termos de convicção a situação esteja melhor. Paralelamente a isso, não se está alcançando de modo suficiente que os alunos se desincumbam de maneira constante e produtiva das tarefas de organizar o próprio plano de ensino.

(...)

III. PROGRAMAÇÃO

1. Objetivos

A. Promover o estudo da realidade global latino-americana e de propostas sobre o homem e sobre a sociedade a fim de gerar espírito crítico e participação na sociedade.

B. Estabelecer, cooperativamente, estratégias globais condizentes com a educação libertadora para favorecer ao aluno ser sujeito de seu desenvolvimento.

C. Dinamizar o Serviço de Supervisão Escolar para o apoio aos professores na utilização de métodos ativos, a fim de promover o espírito crítico.

2. Políticas e estratégias

Que a reflexão constante sobre a realidade seja elemento de promoção do espírito crítico:
— realizar pesquisas sobre a realidade circundante;
— trabalhar em sala de aula sobre notícias de jornais e de revistas;
— criar grupos para refletir sobre realizações na sociedade.

(...)

Que o incremento da participação gere uma decisão eficaz de transformação social:
— estabelecer em conjunto (alunos e professores) os objetivos para a sala de aula;
— integrar-se (o aluno) nas decisões e na ação do grêmio de alunos;
— consultar (a direção, os serviços) quando do estabelecimento de rotinas;
— participar na elaboração de qualquer plano.

Que o aperfeiçoamento e a capacitação constantes sejam forma de viver as bem-aventuranças evangélicas:
— assinar revistas que tratem de educação;
— propor, nos grupos, situações que necessitem de estudo para solução;
— ler, pelo menos, um livro sobre tema educacional por semestre.

(...)

3. Orientação para a execução

Os objetivos serão para os três anos. Os planos de curto prazo estabelecerão os objetivos específicos para cada um deles. A direção será responsável pela coordenação e pelo impulsionamento inicial da execução dos objetivos.

(...)

As políticas serão levadas em conta por todos os setores da escola em seus planos específicos e por todos os professores em qualquer de seus trabalhos.

(...)

Anualmente, a avaliação incluirá, também, o questionamento sobre todas as propostas deste plano, a fim de verificar da validade de sua continuação.

A DIRETIVIDADE DA COORDENAÇÃO

É bom insistir que, entre as linhas orientadoras do planejamento que estamos analisando, a participação ocupa destacado papel: ela é um meio para a eficiência e para a eficácia e é um fim a ser buscado na organização das instituições e da sociedade em geral.

Na prática concreta do dia a dia, surge, a partir daí, o problema da coordenação de um grupo que planeja, mais especificamente, o problema da diretividade ou não dessa coordenação.

Parece evidente, em primeiro lugar, que a democracia (pensada aqui como forma de relacionamento entre as pessoas mais do que como forma de governo) só prevalece se houver coordenação, naturalmente a serviço do grupo e cada vez mais realizando aquelas tarefas que o grupo lhe atribuir.

Na situação de planejamento, a solução se organiza, geralmente, com a consideração de três premissas bem claras e simultaneamente postas em prática:

a) à coordenação compete a proposta da metodologia do planejamento: apresentação de esquemas de trabalho, encontro do momento oportuno para cada coisa, provisionamento de textos e de pessoas que venham a contribuir para a caminhada do grupo, redação de textos finais, cobrança de tarefas solicitadas pelo grupo a alguns de seus membros...

b) não compete à coordenação, mas ao grupo tomar decisões quanto ao conteúdo e ao método de sua ação, isto é, de seus planos;

c) a coordenação, se for bem compreendida, caminhará de uma diretividade grande (quanto à metodologia do planejamento, nada tendo a dizer, desde o começo, sobre conteúdo) quando da formação do grupo (ou na implantação de um processo de planejamento) até uma quase não diretividade total, à medida que o grupo for descobrindo e definindo seus próprios caminhos.

De qualquer modo, o mais importante é a decisão firme (e a ação coerente) de possibilitar ao grupo a definição de sua identidade desejada e de ser um serviço, dentro do grupo, para a realização dessa identidade.

DISTINÇÃO IMPORTANTE:
MARCO REFERENCIAL E PROGRAMAÇÃO

Contaram-me, em Santa Catarina, uma historinha (não me disseram qual sua origem) que ilustra bem a problemática do planejamento, nos dois níveis principais em que ele pretende estabelecer fins, metas e coisas que tais.

Um chinês (ou era um indiano?) ajudava um grupo de arqueiros a melhorarem sua pontaria. Trabalharam durante alguns meses e chegou o dia da prova.

A cada um que se apresentava, o mestre fazia as mesmas perguntas, nesta mesma ordem:
a) Você vê aquela floresta?
b) Você vê aquela árvore?
c) Você vê aquele galho?
d) Você vê aquele passarinho naquele galho?

Todos respondiam "sim" a todas essas perguntas e eram dispensados pelo mestre, que lhes dizia: "Se você vê tudo isto, não adianta tentar: vai errar! Terá de voltar aos treinamentos".

Apenas um respondeu negativamente a todas as perguntas do mestre. Este, então, acrescentou mais uma pergunta: "O que você vê?"

— Vejo — respondeu o discípulo — o olho de um passarinho.

— Vá — disse o mestre —, não precisa tentar: não é possível que você erre.

O planejamento é o conjunto de técnicas para dar aos grupos e às instituições:
   a) a visão global da realidade e da ação do grupo, inserindo-a num todo mais amplo, buscando fins reais e significativos;

b) a adequada firmeza, clareza e precisão nas ações concretas do dia a dia.

Quando se elabora um marco referencial, estudam-se a floresta, as árvores, as clareiras, toda sua fauna, seus caminhos e tudo o mais que nela existir. Quando se prepara uma programação, só se vê a folha, o verme, o olho do passarinho.

Num processo de planejamento, estas duas visões não são separadas, estanques ou perfeitamente distantes no tempo: elas se superpõem, se esclarecem mutuamente.

Quando se trabalha na preparação de um marco referencial não há por que tolher a imaginação. Os números limites são as possibilidades teóricas. É preciso pensar um futuro desejável sem se preocupar se seremos nós os que vamos realizá-lo. Aliás, é fundamental aqui a ideia de que, se esse futuro for bem projetado, não veremos a sua realização.

Quando, porém, se propõe uma ação para um prazo determinado, isto é, se prepara uma programação, embora a criatividade — e a imaginação — seja imprescindível, os limites são bem mais próximos: são todos os limites metodológicos e de recursos que a instituição — o grupo — possui.

Julgo que o planejamento falha grandemente porque não há, nos que planejam, essas duas atitudes, de certa forma contraditórias, exercidas, cada uma, no momento oportuno:

a) a de propor um ideal, um farol para iluminar;

b) a de realizar ações concretas condizentes com as condições reais.

Às vezes essas duas atitudes existem em momentos errados: a primeira na programação e a segunda no marco referencial. E nada pode ser feito porque a confusão resultante de um plano é muito pior do que a confusão natural sem plano algum.

Terceira parte

Invista no moinho: produzirá boa farinha. Mas não esqueça o grão, para que valha a pena haver farinha.

A TEORIA E A PRÁTICA

Várias vezes mencionei a teoria nas páginas precedentes. Sua importância é decisiva para o planejamento. Sem ela, o planejamento não existe e a atividade que é assim chamada não passa de mera programação, muitas vezes burocrática.

Acontece que, falando com professores, muitas vezes ouvi que diziam: "Isto é assim na teoria, mas na prática é diferente".

Quando se investiga um pouco mais sobre o que os professores pensam que seja a teoria, compreende-se logo que muitas outras coisas são confundidas com ela: o palpite, a hipótese, a doutrina, o desejo.

E fica difícil saber o que cada um está pensando quando diz "teoria". E fica dificílimo planejar porque esta mistura é a própria desorganização, que nega o planejamento.

A própria disjunção que se faz entre teoria e prática mostra a incompreensão que os professores têm da teoria. Se uma teoria diz algo sobre a prática que, na prática, não é assim, isso não é teoria, é ignorância, se não for interesse.

Dizer teoria significa dizer um conjunto de conhecimento que explica a realidade, isto é, que explica os fenômenos e suas causas. Ser teórico significa, então, explicar uma determinada realidade, um determinado conjunto de fatos, significa compreender o que está acontecendo e por que está acontecendo.

Assim, ao dizer que os tomateiros adoecem quando suas folhas são seguidamente molhadas, você está compreendendo uma das causas de um tipo de doença dos tomateiros. Esta teoria nasceu da verificação contínua de que a excessiva umidade nas folhas dos tomateiros lhes trazia uma determinada doença. Com esse conhecimento você pode:

a) estabelecer uma hipótese para o caso de seus tomateiros estarem doentes (pode ser excesso de umidade, sobretudo quando você tenha visto que o aspecto de seus tomateiros é semelhante ao dos que adoeceram por excesso de umidade);
b) prever que determinados tomateiros ficarão doentes quando você vê que os regam em demasia;
c) programar sua cultura de tomates, com determinado tipo de rega para que não adquiram a doença derivada do excesso de umidade.

Como você se adona de uma teoria?

Você acredita nela, experimenta-a, dá certo, você fica sabendo. E enquanto der certo você sabe. Se houver uma falha, você investiga e pode modificar a teoria ou descobrir que você não conferiu bem a realidade.

Às vezes, a gente lê uma teoria num livro. Às vezes, a gente intui a explicação e, ao agir, vai confirmando ou não a explicação que intuiu.

Quando, em vez de lidar com tomateiros, a gente lida com pessoas, como na educação, as coisas complicam-se um pouco, mas a teoria continua a ser a mesma coisa: ou explica a realidade ou não serve para nada. Se você lê ou ouve, por exemplo, que a aprendizagem se faz quando há interesse e atividade, você pode ter sua atenção alertada ou pode nem sequer ligar para isso. Você ligará se tiver algum interesse nisso, se tiver algum problema relacionado ao assunto, se você pretende promover a aprendizagem. Do mesmo modo que a conversa sobre os tomateiros não vai dizer nada para quem nunca pretende plantá-los. Isto é, a escolha de teorias vai estar em função do que se deseja fazer: para resolver problemas práticos.

Suponhamos que você tem um problema prático relacionado à aprendizagem e que seu modo de ser entrou em sintonia com aquele esquema teórico que citei acima. Você estuda um pouco mais, vê sua realidade, estabelece uma hipótese (se deu certo em outra situação, pode dar certo nesta em que estou envolvido) e age segundo essa hipótese. Você não só está usando teoria como está teorizando: se seus resultados forem bons, você confirma a teoria; se não forem tão bons, você tem de rever tudo; se abordou o assunto de forma suficientemente global, se viu bem a realidade, se pôs em prática uma hipótese bem organizada. Se fez tudo certo e o resultado não foi satisfatório, você descobriu que o que explicou uma realidade em outro lugar e/ou para outras pessoas não explica a realidade aqui e agora. Tanto não explica que fez você fazer previsões erradas. Isto significa que é errado trabalhar inspirado na teoria? Não. Significa apenas que é errado trabalhar sem conhecimento. Assim como se plantasse tomates com a teoria de que os tomateiros precisam ser regados de hora em hora: não teria resultado algum (você trabalharia sem teoria).

Por isso, o cuidado com as teorias é importante. Nenhuma teoria explica completamente o ser humano. Mas há as mais abertas e as mais fechadas. Parece-me que as teorias sobre o homem que não levam em conta a liberdade, a imaginação, a criatividade, a fé... são muito restritas e explicam apenas parte do homem, quase tornando-o igual a uma árvore ou a um gato, bem mais previsíveis. As teorias mais abrangentes, mais abertas têm mais condições de explicar o homem e os grupos, embora sejam de mais difícil domínio, por sua abrangência.

Isso tudo tem a ver muito com a prática. É a partir da aplicação da teoria que você aumenta a qualidade de sua prática.

No planejamento, a teoria sobre a prática daquele setor que está sendo planejado deve estar presente em cada momento. Mas é, sobretudo, no marco referencial que mais é necessária para servir ao posicionamento do grupo sobre sua prática futura. Tanto para sua opção doutrinal como para sua opção operativa, o grupo necessita do embasamento teórico sob pena de propor-se o que é impossível ou o que não tem significação. O que você propõe não é teoria, é doutrina, é metodologia, é operacionalização. Mas se o fundamento desta doutrina, desta metodologia, desta operacionalização não for a teoria — inclua aqui a teoria filosófica e a teoria teológica — sua prática será de menor significado.

A DINÂMICA DA AÇÃO-REFLEXÃO

Muito se tem falado na ação-reflexão como dinâmica (ou como metodologia) própria para gerar a conscientização.

Isto tem ficado muito distante da prática dos educadores, e o que acontece com mais frequência é o seguinte:
a) professores que discutem em cursos, seminários, encontros, escolas, sobre uma porção de ideias (chamam a isso de reflexão) e que realizam uma prática completamente dirigida por outras ideias;
b) salas de aula em que os alunos decoram fórmulas e fatos completamente desligados de sua vida e de seus interesses.

Falar em dinâmica (processo, metodologia) da ação-reflexão e pô-la em prática significaria transformar inteiramente a atual concepção de educação escolar. E convém pensarmos se isso é possível sem, antes, transformar a sociedade. Ou se não seria esse exatamente um elemento para encaminhar uma transformação social, junto com outras forças engajadas na mesma luta.

De qualquer modo, o que quero ressaltar é que as ideias básicas que sustentam o processo de planejamento de que falei até aqui são as mesmas que orientam uma dinâmica de ação-reflexão a caminho da conscientização.

No fundo, pretende-se que cada ação seja esclarecida pela reflexão e que cada reflexão seja realizada com base naquilo que se faz ou no que aconteceu. Não é admissível o estudo desligado da prática ou a prática desligada do estudo.

Embora as coisas não ocorram de forma tão linear, podemos dizer, esquematicamente, que acontece o seguinte: 1) uma ação traz inquietude porque os resultados não são convincentes; 2) sobre esta ação incide a reflexão; 3) a partir desta reflexão, a ação seguinte sofre transformações; 4) sobre esta nova ação há uma nova reflexão.

Este é o processo de conscientização (de educação) mais eficaz. Sobretudo por que duas coisas importantes costumam acontecer nessa dinâmica:

    a) o alargamento da abrangência da reflexão, dando um sentido mais global a ações restritas;

    b) a análise, na reflexão, não só da própria ação (de uma pessoa ou de um grupo), mas da ação de outros grupos e da sociedade como um todo, incluindo acontecimentos presentes e passados.

A grande dificuldade para uma total aplicação do processo da educação escolar é o constrangimento exercido pela expectativa de todos (ou quase) de que o estudante na escola decore algumas informações desconexas, discutíveis, menosprezadas pelas pessoas competentes e quase sempre sem serventia.

Então, a adoção integral de um tal processo educativo é ilusório na escola enquanto não for mudada essa expectativa. Contudo, é possível que ela não mude se não acontecerem realizações de tal prática com sucesso.

O processo de planejamento de que falei (ver, especialmente, os capítulos "Descrever é melhor" e "Modelo de plano", da Primeira parte) é um processo de ação-reflexão. Os princípios e as técnicas explicitados para este processo podem ser transferidos para outras situações com bons resultados no que se refere à conscientização dos participantes.

PLANO COMO HIPÓTESE DE TRABALHO

O planejar foi sempre pensado como manejar um conjunto de técnicas para tornar eficiente e/ou eficaz a própria ação (de pessoa ou grupo).

É uma boa concepção.

Mas é necessário que, além disso, ele seja o domínio do "que fazer" específico sobre o qual se realiza, tanto em si mesmo como em seu relacionamento global, e tanto em sua teoria como no conhecimento da realidade.

Assim, pode-se dizer que técnica e metodologia se integram com o conteúdo ou, comparando, que o moinho se interpenetra com o grão e vice-versa, de modo que um se realiza à feição do outro.

Se pensarmos o planejamento da educação, veremos que o processo de planejamento é educativo (ver capítulo adiante) e que sua metodologia é moldada por seu conteúdo.

Vejamos como isso se processa.

Partimos de uma situação que seja vista como necessidade ou como problema.

Para compreender essa situação e para solucionar o problema (a necessidade) que nela se viu, são necessários a teoria e o conhecimento da realidade.

Aplicada a teoria atinente ao caso e conhecida, tão amplamente quanto possível, a realidade, pode-se chegar a uma hipótese de solução, ou seja, uma proposta de ação.

Essa proposta, uma vez realizada, solucionará o problema (em parte ou globalmente) ou trará mais problemas. No primeiro caso, consolidará a teoria utilizada; no segundo caso, trará dúvidas sobre esta teoria, sobre o conhecimento da realidade ou sobre a qualidade da hipótese proposta. Não é certo, de imediato, que a teoria não seja consistente, porque a falha pode localizar-se em outro ponto. A avaliação correta é que vai esclarecer qual foi o ponto fraco da cadeia. Mas haverá momentos em que a teoria adotada não trará mais resultados.

Analisemos todo o esquema num quadro.

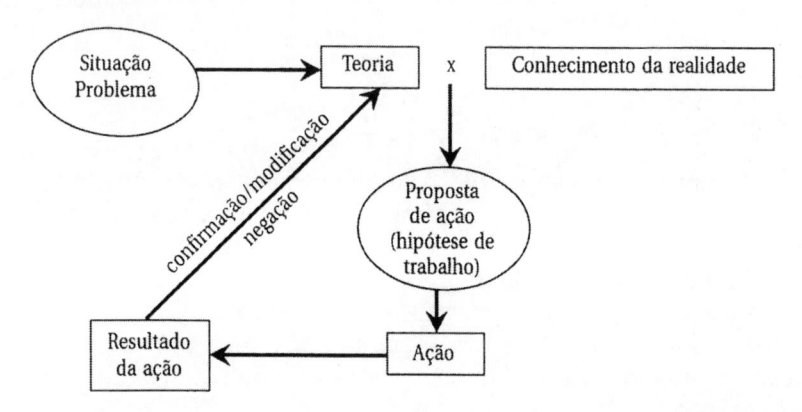

```
   ┌──────────┐          ┌────────┐       ┌──────────────────────────┐
   │ Situação │ ───────▶ │ Teoria │   x   │ Conhecimento da realidade│
   │ Problema │          └────────┘       └──────────────────────────┘
   └──────────┘              │
        ▲     confirmação/modificação
        │           negação          ▼
        │                      ┌──────────────┐
        │                      │   Proposta   │
        │                      │   de ação    │
        │                      │ (hipótese de │
        │                      │   trabalho)  │
        │                      └──────────────┘
        │                            │
   ┌──────────┐                      ▼
   │ Resultado│  ◀────────────   ┌───────┐
   │  da ação │                  │ Ação  │
   └──────────┘                  └───────┘
```

É fundamental, como se vê, que haja uma ação. Tão fundamental quanto a existência de uma teoria e do conhecimento da realidade. É nesse quadro que uma proposta de ação tem sentido e, sobretudo, possibilidades de ser eficaz.

O "Modelo de Plano" (ver na Primeira parte) está construído sobre esta base aqui apresentada. De fato, todo o planejamento é o relacionamento adequado entre esses elementos: a situação, a teoria, a realidade, a ação, o resultado dessa ação e a avaliação constante de tudo isso.

Esse é o processo educativo fundamental para o ser humano.

DOIS CONCEITOS DE EDUCAÇÃO

É fundamental a compreensão de que o processo de planejamento tem seu sentido maior quando se converte em processo educativo: repetir esta ideia sob diversas formas parece-me essencial, considerada sua importância.

Nessa linha de pensamento, é útil investigar a conceituação de educação que sustenta tal aproximação.

A observação preliminar a esta conceituação é de que é inútil e prejudicial buscar compreender o ato de educar: é óbvia a conclusão de Paulo Freire de que ninguém educa ninguém (ninguém se educa sozinho; todos nos educamos no relacionamento).

Vale a pena, isto sim, compreender o ato de educar-se. E, complementarmente, a educação como um conjunto de recursos, situações e ações para que mais facilmente aconteça o educar-se.

A. Educar-se é, em primeiro lugar, projetar e buscar a própria identidade, seja pessoal seja do grupo. (Estou trabalhando a partir de uma conceituação apresentada por Francisco Taborda no n. 14 dos *Cadernos da AEC do Brasil* intitulado "Processo e relações educacionais: análise teológica — reflexões para educadores".)

Isto quer dizer que, pessoalmente ou em grupo, projetamos para nós um futuro desejável e o buscamos com mais ou menos intensidade, com mais ou menos motivação, com mais ou menos capacitação. Mas o buscamos de uma forma ou outra, isto é, nos educamos, crescemos.

Ora, planejar é justamente isso: propor-se uma identidade e agir para aproximar o que somos (como grupo) daquilo que queremos ser.

B. Educar-se é, em segundo lugar, dotar-se de instrumentos para participar na sociedade. Estou partindo do que Dermeval Saviani considera a função da escola em artigo na *Revista de Educação AEC*, n. 34.

Esta segunda conceituação é necessária para completar a anterior, uma linha mais social, dada a possibilidade de ser aquela considerada essencialmente ligada à pessoa.

Num processo de planejamento em que a participação é fundamental, não é exagero insistir várias vezes na necessidade de que as pessoas tenham condições — e capacitação — para participar. De fato, as pessoas só fazem aquilo para o qual estão capacitadas.

De modo que, se este segundo pensamento não parecer tão próximo quanto o primeiro ao processo mesmo do planejamento, ele se torna necessário para ser completa a conceituação de educação e para facilitar a compreensão de que, se da educação não resultar a capacitação para a participação, é vã toda a tentativa de estabelecer um processo de planejamento significativo.

FUNÇÕES DA EDUCAÇÃO

Toda esta proposta de planejamento tem como pano de fundo muitos posicionamentos claramente identificáveis por um leitor atento.

Entre os que não posso deixar na obscuridade está o da compreensão das funções do processo educacional, especialmente o escolar.

Não falo do que a escola realiza, mas do que tenta realizar, isto é, do que é a sua função, doutrinariamente falando.

Assim, analisando a escola como um todo, julgo que ela se resume a três fins básicos que deveriam ser buscados harmoniosamente:

a) a formação do ser humano;
b) o desenvolvimento da ciência;
c) o domínio da técnica.

Esses três fins (funções) têm relação com as necessidades humanas mais fundamentais: a ciência é o meio indispensável para compreender a realidade; a técnica é utilizada para transformar essa realidade, visando ao bem-estar; e a formação é entendida aqui como elemento básico na realização da identidade das pessoas e dos grupos, incluindo a própria utilização da ciência e da técnica.

Independentemente de serem ou não superpostos em alguns pontos, esses fins básicos nos permitem dominar intelectualmente os vastos caminhos do sistema escolar e, como consequência, agir de forma mais planejada.

Não há necessidade de analisar cada um deles, porque são visíveis para quem trabalha em educação. Valeria talvez a pena mencionar alguns aspectos, razoavelmente óbvios, mas esclarecedores:

    a) toda a formação artística, religiosa, comunitária ou de outro tipo, na medida em que for exigida em determinado momento ou sociedade, está incluída e deve ser levada em conta;

b) não se está confundindo desenvolvimento da ciência com repetição (e memorização) de fatos e fórmulas desligados da compreensão da realidade e do crescimento teórico:
c) há limites claros (e há possibilidades) na busca e na consecução desses fins pela educação, limites de todos os níveis, desde injunções do modelo de sociedade vigente até a falta de recursos.

O planejamento, como é opção, é instrumento para escalonar a importância relativa desses fins e para organizar esforços para seu alcance.

PLANEJAMENTO E EDUCAÇÃO LIBERTADORA

No planejamento, é fundamental a ideia de transformação da realidade. Isto quer dizer que uma instituição (um grupo) se transforma a si mesma tendo em vista influir na transformação da realidade global. Quer dizer, também, que fez sentido falar em planejamento — acima e além da administração — como uma tarefa política, no sentido de participar na organização na mudança das estruturas sociais existentes. Quer dizer, finalmente, que planejar não é preencher quadrinhos para dar *status* de organização séria a um setor qualquer da atividade humana.

Isso nos traz à educação libertadora como proposta educacional apta a inspirar um processo de planejamento do tipo que descrevi e como conteúdo significativo deste mesmo processo. Porque a educação libertadora é uma proposta de mudança.

A educação libertadora de que falo é a que tem sua base na II Conferência Geral do Episcopado Latino-Americano (Medellín, Colômbia, 1968). A proposta deste texto sobre a educação tem duas linhas fundamentais (o restante são consequências, tanto que o parágrafo seguinte se inicia com "Portanto").

As duas linhas nas próprias palavras do texto são (referindo-se à educação):

a) "a que converte o educando em sujeito do seu próprio desenvolvimento";

b) "o meio-chave para libertar os povos de toda a escravidão e para fazê-los ascender de condições de vida menos humanas a condições mais humanas".

Há nisto uma dimensão pessoal e uma proposta social global bem claras, no texto apresentadas de forma não separada, mas como um posicionamento apenas.

Sem entrar na discussão se o termo "meio-chave" é exagerado e aceitando que a educação, mesmo a escolar, tem uma dimensão política realizável, pode-se ver que esta dupla proposta leva em conta os dois grandes problemas da América Latina de então, que perduram ainda hoje: a organização injusta da sociedade e a falta quase total do remédio para isso, a participação.

Ao propor que o educando seja sujeito de seu desenvolvimento, está propondo a existência do grupo, da participação e, como consequência, a conscientização que gera a transformação. Basicamente está dando ao pedagógico a força que ele realmente pode assumir como contribuinte de uma transformação social ampla em proveito do homem todo e de todos os homens.

A partir daí, a aproximação entre educação libertadora e planejamento educacional sublinha as mesmas ideias básicas, de grupo, de participação, de transformação da realidade.

Tanto que, a partir desta dupla base de Medellín, e pensando no que lhe é mais característico, a metodologia, pode-se definir a educação libertadora assim: um grupo (sujeitos em interação) na dinâmica de ação-reflexão, buscando a verdade e tendendo ao crescimento pessoal e à transformação social.

A partir daí, as duas concepções de educação com que trabalhei antes assumem importância para o esclarecimento da prática educativa concreta.

PARTICIPAÇÃO

A democracia será, provavelmente, a salvação da humanidade. Mas a democracia não é apenas (nem principalmente) votar. Democracia é, essencialmente, participar.

Quando os tecnocratas falam em participação de todos querem dizer que permitirão a alguns pronunciar-se sobre aspectos secundários de uma ação, decidida muito antes pela própria tecnocracia. É como se o condenado pudesse escolher o calibre das balas. Ou se pudéssemos escolher a cor dos últimos dez centímetros da asa esquerda de um avião que fabricaram com nosso dinheiro sem nos avisarem.

Um processo de planejamento exige, quando se pretende o bem de todos, que a participação aconteça em cada momento e em cada ação.

Não se trata de que alguns sabem mais e por isso agem, permitindo a participação. Trata-se de todos agirem juntos em cada situação. Melhor: trata-se de construirmos todos juntos com a contribuição que temos a dar, coordenados por aqueles que têm, por algum motivo, algum destaque, cuja atuação será até menor nas decisões, uma vez que estarão mais engajados em promover a vontade do grupo.

Cada grupo sabe o que é bom para si, mesmo que a alguns pareça que as pessoas sejam ignorantes porque não sabem as mesmas coisas que eles sabem.

É óbvio que cada grupo chega a diferentes patamares, segundo as possibilidades, as crenças, os anseios de cada um. É preciso que aqueles que pensam em auxiliar os outros compreendam profundamente que não é auxílio nenhum tomar decisões por esses outros, Auxílio é, se alguém tem mais informação do que outros, pôr a serviço de todo o grupo essas informações e ser, depois, um voto igual aos outros na decisão dos rumos. Fora disto, o que existe é ignorância ou hipocrisia, indesculpáveis ambas, a primeira porque quem tem mais informações deveria ser capaz de elaborá-las e descobrir a verdade, a segunda porque supõe um tipo de conversa para enganar as pessoas em proveito próprio.

A verdade é que o melhor auxílio que se pode dar a uma pessoa é incentivá-la e oferecer-lhe informações (quando for o caso) para que ela se torne mais pessoa, para que assuma suas posições de modo claro, consciente e crítico dentro do grupo.

Para isso o serve planejamento. É, aliás, o modo pelo qual se pode sair do palavreado sobre a participação e ir para sua prática. É, mesmo, fundamental que o processo de planejamento sobre um determinado campo de atividade (a educação por exemplo) seja entendido como uma contribuição para que, em nossa sociedade, diminuam as diferenças entre os que têm e os que não têm, os que agem e os que não agem, os que sabem e os que não sabem... O grande remédio é a participação porque ela é mola para a conscientização.

TECNOCRACIA E PLANEJAMENTO

Não se pode confundir soluções teórico-técnicas — é o que requer o planejamento — com tecnocracia.

Nossa sociedade sofre tremendos problemas (injustiça, fome, guerras, desvalorização das pessoas) e as discussões se avolumam incessante e desnecessariamente. As divisões mais fundamentais caracterizam-se pela opção básica que as pessoas tomam. Além daqueles que optam por si mesmos — destes não falo, mas só daqueles que pretendem resolver os problemas da humanidade como um todo —, há duas classes de pessoas bem-intencionadas:
a) aquelas que optaram pelas pessoas;
b) aquelas que optaram pelas coisas.

O tecnocrata está neste segundo grupo: falta-lhe sensibilidade para com a realidade. Suas "teorias" são seu mundo e a elas tudo deve se condicionar, inclusive as pessoas e a realidade global. Por isso, ele é capaz de não compreender por que não aceitamos sua "solução" quando ele "planeja" abrir um campo de aviação para nele pousarem os mais modernos jatos no mais distante distrito de uma cidade do interior. "De fato", conclui ele, "o avião é o melhor meio de transporte. O povo é que está errado porque não tem dinheiro, tem medo de avião, gosta de andar de carroça." Na educação você já ouviu esse tipo de conversa: "A filosofia da lei de ensino é ótima; não tivemos sucesso nestes anos porque o povo não quer este tipo de ensino, as escolas não têm equipamento, os professores não estão preparados para ela; mas a lei é ótima. Conservemo-la".

Se o planejamento for de todos (um processo participado e, por isso, educativo), os técnicos serão extraordinariamente úteis. Não serão tecnocratas que impõem suas soluções independentemente da vontade e da necessidade do povo.

Não se trata, realmente, de abandonar a teoria e as técnicas que resolvem os problemas. Trata-se de haver uma política dessa técnica, em benefício de todos. Melhor: trata-se de haver uma política estabelecida democraticamente pelos que têm interesse nos resultados da técnica.

Assim é o planejamento. Há os que julgam que insistir no planejamento é buscar prisões, impedir a inspiração, esquecer-se das pessoas. Isso realmente é assim quando há os que dominam o planejamento, os que realizam planejamento burocrática e tecnocraticamente. Não é assim para aqueles que usam o planejamento como uma estrada asfaltada para ir mais depressa a algum lugar. Pode-se dizer que o asfalto tira a liberdade porque nos constrange a ir por ele sem nos deixar o caminho dos campos e das cachoeiras. Mas, se temos liberdade de escolher os lugares aonde queremos ou precisamos ir, o asfalto é um modo de irmos melhor.

CONCLUSÃO

Não parece que seja justo considerar qualquer livro como a solução dos problemas. O hábito que temos, por exemplo, de não questionar qualquer coisa que esteja escrita (desde as leis, passando pela orientação da ciência ou da técnica) e partir burocraticamente para sua realização empobrece e dificulta uma ação significativa em nosso esforço educacional. Tenho visto universidades que, em vez de questionar a teoria, por meio da pesquisa, passam a seus alunos determinações e orientações que, às vezes, são desprovidas de qualquer teoria.

Desejo que este livro seja aplicado. Mas desejo mais: que ele seja questionado para que se compreenda, além dele, o valor do planejamento, seus fundamentos e suas técnicas, seus processos e instrumentos.

Terei satisfação em receber qualquer observação sobre a aplicação desse livro e qualquer questionamento sobre sua validade.

danilogandin.blogspot.com

Edições Loyola

editoração impressão acabamento

rua 1822 n° 341
04216-000 são paulo sp
T 55 11 3385 8500/8501 · 2063 4275
www.loyola.com.br